改變世界的馬克思主義
超圖解資本論

白井聰／監修

劉宸瑀、高詹燦／翻譯

U0076527

透過了解《資本論》，
讓你的常識出現180度的轉變

　　高中或大學畢業後，進入某間企業領薪水、過生活——。恐怕大多數人都認為這是天經地義的事吧。此外，想必也有不少人覺得，進入公司後為其粉身碎骨辛勤工作是一種正確的行徑，甚至為此加班或假日出勤也在所不辭。這要是自己創辦的公司倒也無所謂，但我們真的有必要對公司盡心盡力到這種地步嗎？

　　距今約150年前，質問世人「勞工為工作鞠躬盡瘁是否正確？」的，就是本書所介紹的馬克思《資本論》。這本以德文撰寫的書籍不只闡明資本主義經濟的機制，還明白地指出從資本主義社會中所產生的問題點，是一本名著中的名著。畢竟是在19世紀到20世紀之間對世界造成莫大影響的書，所以各位或許有聽過它的書名。

然而《資本論》的原著頁數極厚，內容也相當艱深。因此本書採用大量豐富的插圖，在遵循原著的同時，也盡可能地將其歸納整理成簡潔好懂的文章。

　　勞動是什麼？何為資本主義社會？《資本論》寫的都是與各位切身相關的內容。讀完這本書，你的內心肯定會有所改變。

　　　　　　　　　　　　　　　　　　白井聰

寫出《資本論》的馬克思到底是什麼人？

留下《資本論》和《共產黨宣言》等眾多著作流傳後世的馬克思，究竟是怎麼樣的人呢？

卡爾‧馬克思

1818 年生於德國的馬克思，在大學畢業後以一名報社記者的身分對政府做出嚴厲的政治批判，這導致他被多個國家下令驅逐出境。馬克思在這段期間邂逅了經濟學，對其潛心研究，並開始執筆《資本論》——此書至今仍然受到全球讀者的喜愛。

資本主義社會是一個富饒的社會嗎？

駁斥資本主義的馬克思

馬克思認為人類不該只為自己的幸福工作。對馬克思而言，正是因為人們心懷「為全人類工作，自己的人性才得以昇華」的想法，促使勞工處在悲慘境況下的資本主義世界，才會變成必須批判的對象。

歷史唯物論

不論人類所描述的話語有多麼理想，終究還是一種吃了睡、睡了玩的存在。但跟動物不同，人類會製造工具、自發性地工作、自己生產必要物資──也就是進行經濟活動。歷史唯物論認為歷史是依據這些生產條件發展起來的。

> 如果作為地基的經濟不改變，那大概就什麼都不會變。

政治
社會
文化
經濟

> 勞工們，聯合起來吧！

呼籲「全世界的勞動者，聯合起來!」的馬克思

這句話是馬克思在1848年出版的《共產黨宣言》結尾辭。「勞動者聯合起來！」後來變成共產主義最出名的口號，作為社會的歷史（即階級鬥爭史），成為所有勞工運動的基石。馬克思是勞動者的同伴。

盟友恩格斯

馬克思擔任報社記者時，遇到了同樣對資本主義社會抱持批判的恩格斯。可以說，要是沒有恩格斯，接下來各位將透過本書研習的《資本論》也不可能完成。

沒有恩格斯，遑論《資本論》

如今馬克思的《資本論》再度受到矚目

近來資本主義遭逢危機，為從根本解決問題，《資本論》再次引起人們的關注。

A公司　B公司　收購與合併　A公司

中小企業淘汰論

馬克思預見在資本主義社會中，資本家之間的競爭可能導致企業反覆地收購及合併。日本是企業生存競爭激烈的資本主義社會，在這裡，企業被淘汰的相關資訊屢屢成為人們的話題。

資本逐漸壯大，資本家遭到淘汰。

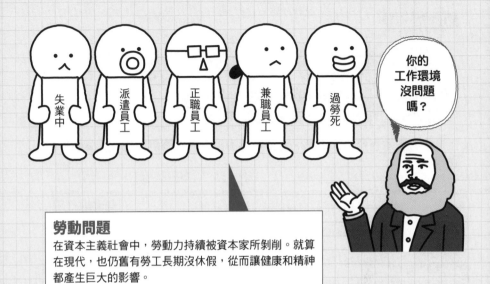

勞動問題
在資本主義社會中，勞動力持續被資本家所剝削。就算在現代，也仍舊有勞工長期沒休假，從而讓健康和精神都產生巨大的影響。

環境破壞
資本主義社會不但剝削勞工，同時從自然環境到社會都是其剝削的對象。因此，資本主義社會造成的環境破壞問題受到全世界的重視，人們正積極討論各式各樣的補救措施。

《資本論》的內容是什麼？
利用本書掌握它！

接下來介紹本書的八大重點，這些重點會加深各位對馬克思《資本論》的理解。

Chapter 1

商品與勞動
資本主義社會由商品和勞動所構成，馬克思對其深入考察。

Chapter 2

貨幣
明白用以換取物品的貨幣之起源，探尋資本主義社會的源流。

Chapter 3

資本
隨貨幣誕生而增值的資本究竟是什麼？本章將解答那些增值的資本。

Chapter 4

剝削
勞工為創造價值而工作，其自身也同樣作為商品，變成遭受剝削的對象。

Chapter 5

社會

不只勞工，甚至連整個社會都是資本家創造價值的原料。

Chapter 6

科技進步

商品的生產效率因機械的興起而大幅躍升。對資本主義社會而言，技術的進步是強制的。

Chapter 7

資本主義的構造

了解資本主義社會，其結構不僅涵蓋勞工，更擴增到幾乎籠罩整個地球。

Chapter 8

資本主義的未來

向全世界蔓延的資本主義社會。馬克思預測，在其越過臨界點時將引發革命。

培養能反思全球政治經濟現況的
宏觀視野！

改變世界的馬克思主義
超圖解資本論
Contents

Chapter 1
資本主義社會
滿載了
商品與勞動

Chapter 2
從商品衍生出來的貨幣

Chapter 3
從貨幣中誕生擋不住的資本增值

Chapter 4
資本對
勞工的剝削

Chapter 5
資本不僅
剝削勞工
還剝削整個社會
和大自然

Chapter 6
科技進步與
資本主義

Chapter 7
資本主義社會的
不合理結構

Chapter 8
資本主義的
未來是革命

Chapter

1

資本主義社會
滿載了商品與勞動

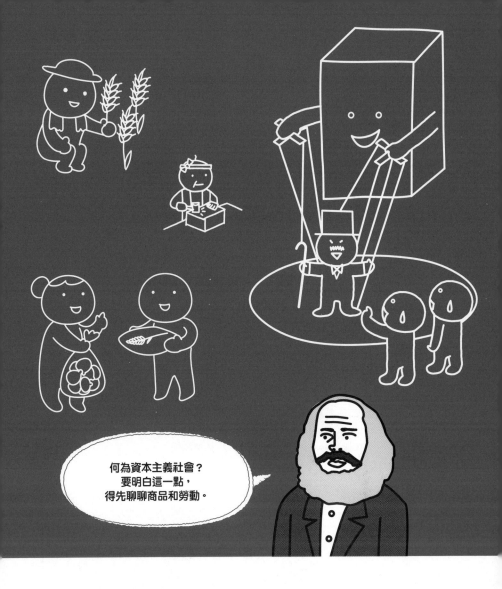

何為資本主義社會？
要明白這一點，
得先聊聊商品和勞動。

究竟馬克思的《資本論》以及資本主義社會是什麼？而商品又有
什麼樣的價值呢？本章將會詳細介紹資本主義社會裡的「商品」與
「勞動」，這兩者可說是《資本論》的起點。

01 解析資本主義經濟從了解商品開始

要了解人類就必須從細胞開始研究,同樣地,想掌握資本主義社會也必須先理解商品——這是馬克思的主張。

馬克思把充斥在這世上的種種**商品**,視為組成資本主義經濟的主要因素。這代表在資本主義經濟下的世界,所有的財富都會被商品化,此為《資本論》的起點。馬克思將商品定義為「不僅用於滿足人類慾望,同時具備資本社會主義特有功用的東西」,並主張**分析商品是了解資本主義社會的第一步**。

像解析人類一樣分析商品

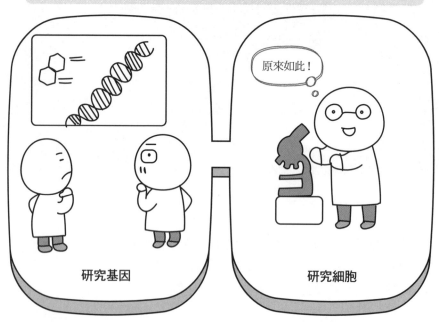

研究基因

研究細胞

原來如此!

人們為了理清人類而研究基因或細胞,而馬克思則試圖以同樣的方式剖析資本主義社會。

馬克思認為商品是資本主義的基石。《資本論》裡有一句話寫道：「勞動產品的商品形式，或者商品的價值形式，就是經濟的細胞形式」。欲了解人類不能只停留在表面，而是要從細胞的層級著手研究；**而想了解資本主義社會，則必須詳細鑽研作為其細胞的商品**。

資本主義社會的基礎是商品

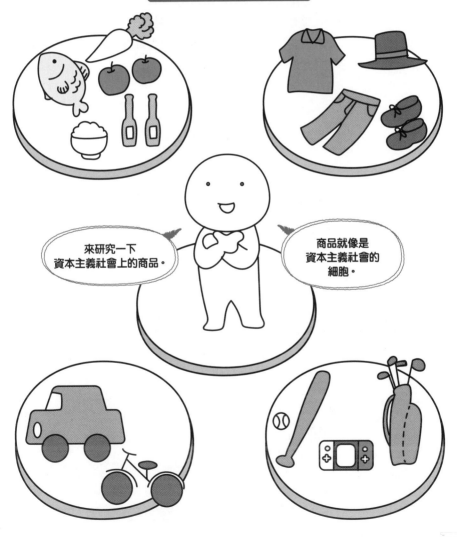

來研究一下
資本主義社會上的商品。

商品就像是
資本主義社會的
細胞。

02

資本主義社會的財富是商品的總合

商品構成了資本主義社會，其定位是透過人們「想做點什麼」的慾望來制定價格。

資本家建造工廠、雇用勞工、製造商品並將其出售換取錢財，接著再拿增長的資金來投資，藉此擴大事業。馬克思認為如上所述發展經濟的社會是被資本主義生產方式所統治的社會（資本主義社會），**他表示在這種一切事物均可為商品的社會上，財富被認定是一種「龐大的商品總合」**。

資本主義社會的構造

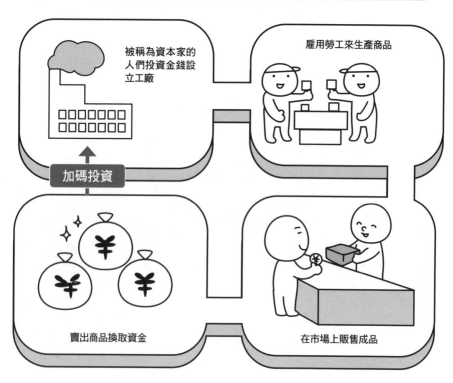

被稱為資本家的人們投資金錢設立工廠

雇用勞工來生產商品

加碼投資

賣出商品換取資金

在市場上販售成品

馬克思定義商品是「**一個外界的對象，用以滿足人類某種慾望的物質**」。食物能夠滿足我們想吃美食的慾望，於是它就被標上價格，成為一件商品。漫畫、電影、遊戲和小說也都是如此。**身為龐大商品總合的社會財富就是由這一個個的商品所組成**，馬克思將其稱作「**財富的基本型態**」。

商品是滿足人類慾望的物質

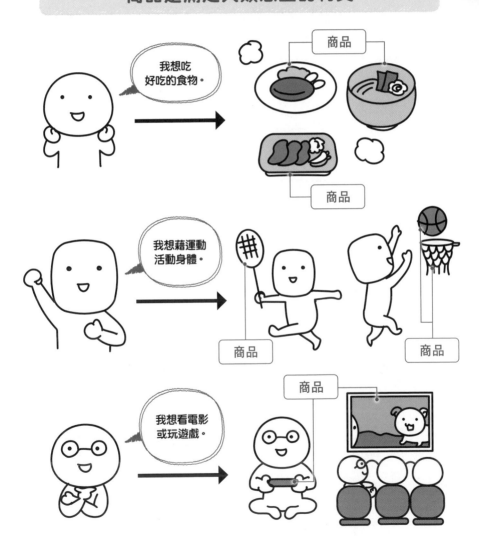

我想吃好吃的食物。

商品

商品

我想藉運動活動身體。

商品

商品

我想看電影或玩遊戲。

商品

03 資本主義社會由分工所組成

資本主義社會憑藉各種勞動組合的分工而成立。

製造商品須搭配各式各樣的勞動組合，同時社會本身也是由人類的勞動組合而成的，馬克思稱其為**「社會分工」**。他指出，在各種使用價值或商品體的總和之中，呈現出多種多樣的有用勞動總和，因此這種分工是商品生產之所以存在以及成立的條件。

商品因勞動的組合而生

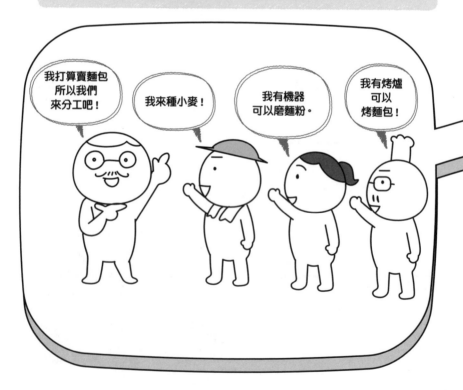

有無數的工作是透過多人合作而成立的，人們將這些工作結合起來生產商品，並在社會上積累財富。例如食物不全是自己做的，就拿自己身上穿的衣服來說，也幾乎很少人會從頭開始製作。正是因為存在生產這些事物的分工，這個世界才得以成立——這是馬克思的見解。

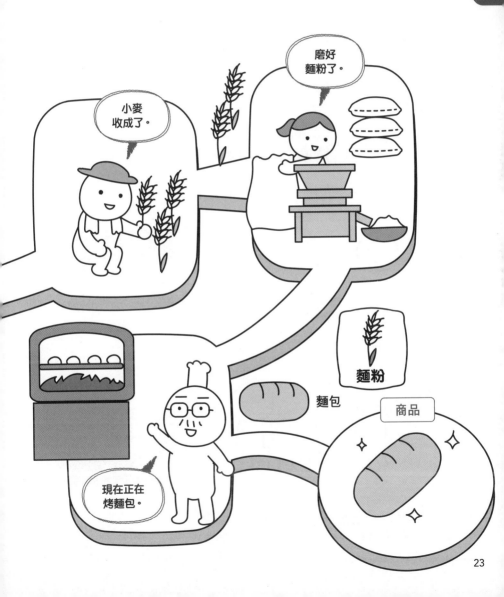

04 兩種價值：使用價值與交換價值①

商品具有滿足人類慾望的有用性（使用價值），以及交換商品時的交換比例（交換價值）。

像麵包或拉麵這類食品，人們可透過將其吃下肚以滿足食慾；或是可以藉由讀書、穿衣來滿足人們的慾念。因此，**商品具備以消費來滿足慾望的有用性**，我們稱之為**使用價值**。另外還有一種叫**交換價值**，指的是在交換具使用價值的商品時所衍生的價值，即價值的量。

什麼是使用價值？

> 我想吃這個～

具有用性
＝
具使用價值

無有用性
＝
無使用價值

事物具備滿足人類慾望的有用性，稱為使用價值。

比方說橘子跟籃球本身都有使用價值，所以可以拿來交換。不過兩者的使用價值大相逕庭，因此無法加以比較。為使交換得以成立，我們必須以能互相比較的事物，也就是交換價值當作基準。藉由比較交換價值的分量，促使交換成為可能。**如果以X個A等於Y個B的方式來比較雙方的價值量，就能將所有的商品都劃上等號。**馬克思從商品擁有這兩種價值的現象中研究出了**商品二因素**。

什麼是交換價值？

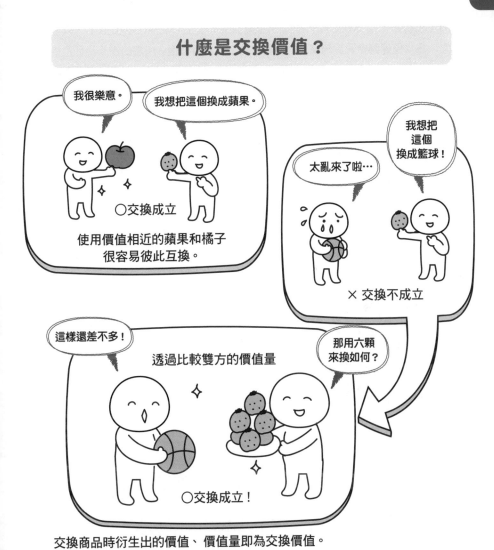

交換商品時衍生出的價值、價值量即為交換價值。

05 兩種價值：使用價值與交換價值②

馬克思認為，要是沒有比較的對象，
就無法令商品展現其價值。

馬克思曾言，「勞動是在人類勞動這個抽象屬性上形成商品的價值」。**換言
之，商品僅能藉由與其他商品的交易來顯示其自身價值**。所謂的商品是社會價
值的結晶，但要證明一件商品的內在價值，就得把它拿來比對或交換其他商品
的價值。

商品無法體現自身價值

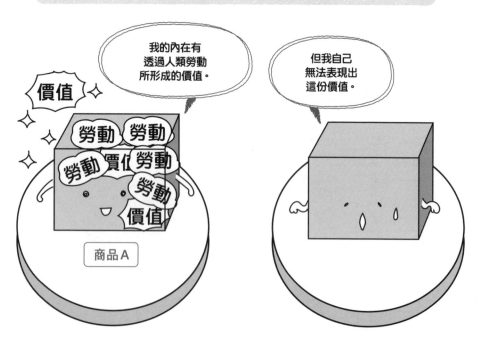

我的內在有
透過人類勞動
所形成的價值。

但我自己
無法表現出
這份價值。

價值

勞動 勞動
勞動 價值 勞動
勞動
價值

商品A

畢竟商品無法靠自己的力量
展示那些因人力勞動所形成的價值。

馬克思堅信各類商品共通的**社會價值實體**是人類勞動的產物。可商品要是沒有真的賣出去（沒有交換），就無法使這份價值化為實質。也就是說，**儘管投入勞動力以後，該商品就應該具備價值，但若不予以交換，其價值就並不存在。**不過，勞動使這種交換得以成立（能比較商品的價值量）。交換價值內含這樣的悖論。

商品以交換來體現其價值

因此商品會被拿來交換

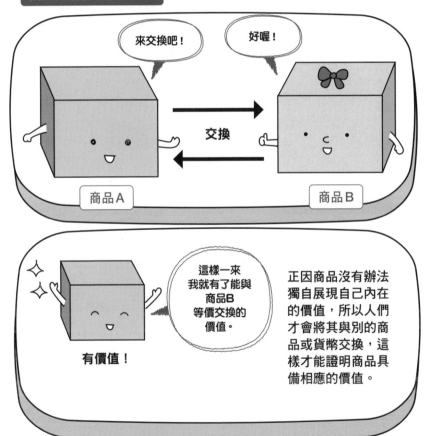

來交換吧！

好喔！

交換

商品A

商品B

這樣一來我就有了能與商品B等價交換的價值。

有價值！

正因商品沒有辦法獨自展現自己內在的價值，所以人們才會將其與別的商品或貨幣交換，這樣才能證明商品具備相應的價值。

06 商品價值取決於其中耗費的勞動量

為創造有用的商品，人力勞動是必要的投資。換句話說，勞動決定商品的價值。

我們以簡單易懂的農業為例：首先該處有土地，土地透過人類的耕作而形成田地。人們進而在田地上播種，經由各種施作使種子發芽，長成水稻或小麥等作物。接著待其長到適當程度後收割，完成既定工序並上市。依照這套流程所出售的各種商品，不就是因為投入人力勞動，才獲得其作為商品的價值嗎？

勞動創造價值

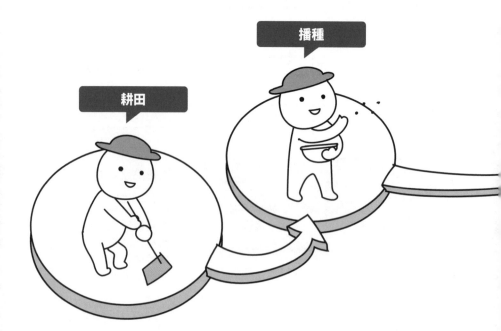

耕田

播種

商品因投入人類的勞動而誕生，於是這件商品就被賦予了使用價值。也就是說，商品的價值由其中所含的人力勞動決定。**這種勞動形成價值的理論，在經濟學上稱為「勞動價值論」，由馬克思將其統整完成**。假設有A與B兩件商品，當A的價值是B的好幾倍時，造成這份差異的就是其中投入的人工量。

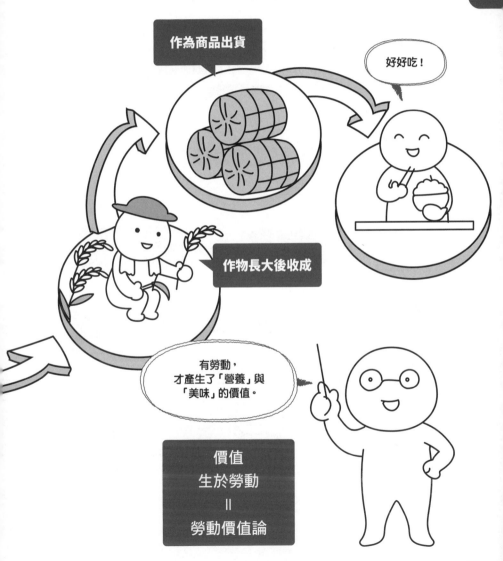

作為商品出貨

好好吃！

作物長大後收成

有勞動，
才產生了「營養」與
「美味」的價值。

價值
生於勞動
＝
勞動價值論

KEY WORD → ☑ **具體的有用勞動、抽象的人類勞動**

勞動也有二重性

具體的有用勞動由使用價值而生,抽象的人類勞動由交換價值而生。上述兩者稱作「勞動二重性」。

馬克思的想法是,有了使用價值和交換價值,事物才初步成為商品。另外,產生商品的勞動也跟商品的價值一樣有雙重屬性,也就是生出使用價值的具體有用勞動,以及生出交換價值的抽象人類勞動。**具體的有用勞動是指製造某件物品、從事某種服務等,能產生有用性的具體勞動。**

對應兩種價值的勞動二重性

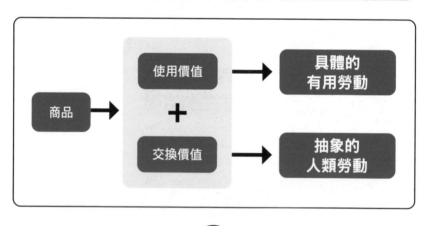

自製　　　　　　自用

有使用價值
但沒有交換價值的東西
↓
不是商品

所有的具體有用勞動都有一個共通點。**那就是無論哪一種具體勞動，皆是人類運用大腦或肌肉工作而來，這一點不會改變。馬克思把這個共通點定義為抽象的人類勞動，並將這兩種屬性命名為「勞動二重性」**。雖然書本跟蛋糕的使用價值不同，卻可以互相交換，畢竟其中有一個共通的因素將兩者聯繫了起來。這就是抽象的人類勞動。

勞動二重性

具體的有用勞動

例如製作堅固、方便家具的具體勞動，從中產生使用價值。

做壽司　　　　　　做家具　　　　以服務生的身分工作

抽象的人類勞動

一切具體的有用勞動都有共通的勞動抽象性質，
從中產生使用價值。

運用身體　　　　　　　　　　運用頭腦

08 勞動價值須以全體社會的平均值來衡量

勞動價值決定商品價值的多寡。不過並非個體的勞動價值，而是要從平均勞動價值來看。

製作商品所花費的勞動量會因其所製造的商品而異。舉例來說，在組裝自行車與製造汽車上，其勞動時間和必要人員均有所不同。假如是以過程中所耗費的勞動量定調商品價值，那汽車的定價自然會比自行車貴得多。可以說，一件商品的價值大小取決於勞動價值的比例。

所費勞動價值決定商品的價值

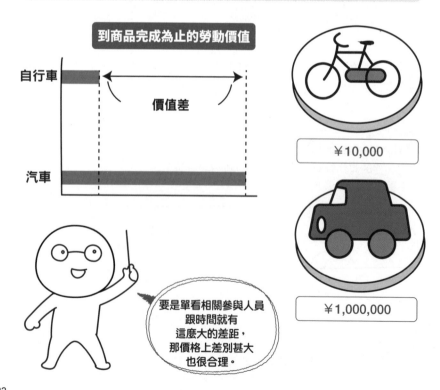

到商品完成為止的勞動價值

自行車

價值差

汽車

¥10,000

¥1,000,000

要是單看相關參與人員跟時間就有這麼大的差距，那價格上差別甚大也很合理。

此處衍生出一個問題。比如製作蛋糕時，老練的師傅跟資淺的師傅在生產力上會出現巨大的差距。如果勞動價值會影響商品的價值，那後者做蛋糕更耗時，所做出的蛋糕也會更貴。因此馬克思認為，**商品價值是由全體社會的「平均勞動價值」決定，而不是個體的勞動價值。**

勞動時間比技術好壞更重要？

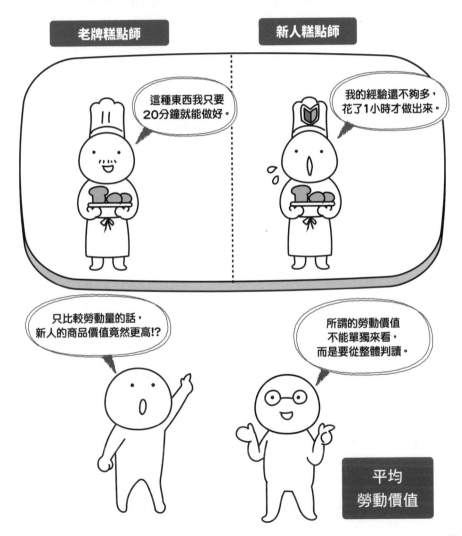

老牌糕點師

新人糕點師

這種東西我只要
20分鐘就能做好。

我的經驗還不夠多，
花了1小時才做出來。

只比較勞動量的話，
新人的商品價值竟然更高!?

所謂的勞動價值
不能單獨來看，
而是要從整體判讀。

平均
勞動價值

09 成為商品的條件是對他人有用

再怎麼有用，屬於個人的事物都不是商品。作為商品所必備的，是面向他人的使用價值。

馬克思說，有時勞動創造的東西儘管有用卻不是商品。最好的例子是自給自足。《資本論》中以小說《魯賓遜漂流記》為例，指出漂流到無人島上的主角魯賓遜，其所生產的東西全是個人產物。**自給自足的人就算創造了使用價值，也做不出商品**。

有使用價值，卻不是商品的東西有哪些？

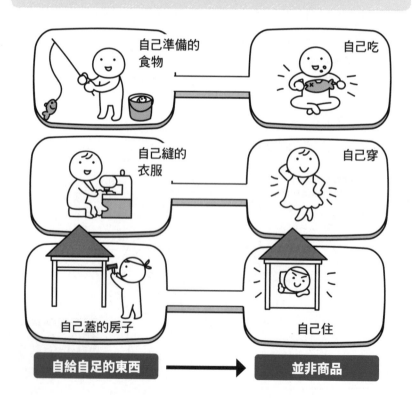

自己準備的食物 —— 自己吃

自己縫的衣服 —— 自己穿

自己蓋的房子 —— 自己住

自給自足的東西 → 並非商品

馬克思的主張是，商品生產時不僅要有對自己而言的使用價值，也必須產出對別人來說有用的使用價值。他人想要或想交換的物品，換句話說，就是具有社會使用價值的品項。這便是成為商品的條件。如果不能創造出有社會使用價值的商品讓別人購買，就無法在資本主義社會上生存下去。

什麼是社會的使用價值？

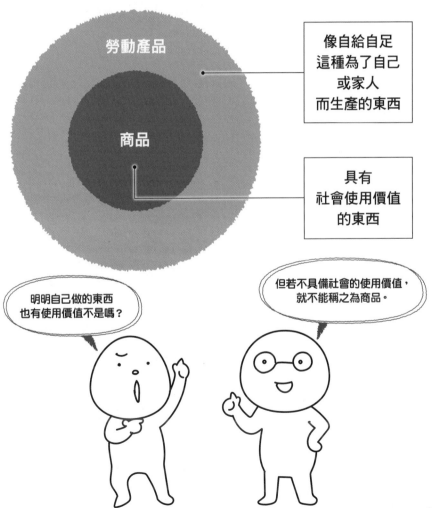

勞動產品

像自給自足
這種為了自己
或家人
而生產的東西

商品

具有
社會使用價值
的東西

明明自己做的東西
也有使用價值不是嗎？

但若不具備社會的使用價值，
就不能稱之為商品。

10 勞動力也是一種商品

在商品生產之際起作用的勞動力。由於勞動市場會買賣勞動力，所以也可以說它是一種商品。

正如前面所述，「商品」指的是滿足人的慾望，具備某種用途的東西。在資本主義社會上，生產商品這件事本身也是一種商品。原因在於，在執行僱傭勞動時，勞工會把自己的勞力當成商品賣給資本家。換言之，資本主義社會實施的是「**由商品生產商品**」。

名為勞動力的商品會生產商品

商品不限於物品。 在資本主義社會中，勞動也是一種商品。

既然勞動力也是商品，就會被標價，即所謂的工資多寡。 聰明的頭腦或優秀的技術等，具有龐大使用價值且稀少的勞動力商品價格高昂，而像非技術性工作這種任何人都會做、使用價值很低的勞動，就會被訂出低廉的價格。

勞動力也是交易的商品

11 商品從何而來？

商品交換是一種以金錢為基礎的等價交換。買賣雙方的關係僅憑錢財與商品的交換就完成了，彼此之間不會存留其他人際關係。

比方說，在以日幣兩百圓販售商品時，買方支付200日幣便能取得這件商品。在這次交易之後，買方與賣方之間不會再有任何接觸。但在共同體世界裡，人們理所當然地施行財富或勞動的借貸，人與人之間因此聯繫了起來。**隨著資本主義的發展，商品透過金錢交換的範圍也有所擴大，這代表共同體世界的領域正在縮小。**

交換商品並不會發展後續關係

交換商品的目的單純只是交換錢財跟商品，
人際交往並非其目的。

舉例來說，**在前現代的共同體內部，即使有借貸行為，也不會產生金錢的流通**。這種「當時受你幫助了」的借貸模式，總有一天會以彼此立場互換的方式結清。也就是說，共同體內部並不會產生商品。因此，我們可以認為**商品是從共同體與共同體之間誕生的**。

共同體內部的借貸是互幫互助

我當時幫了你，所以你要付我500塊！

你要這樣講的話，下次我也幫你忙，我們互幫互助不就好了！

共同體內不會產生商品

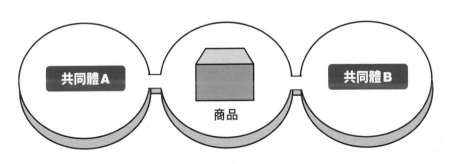

共同體A

商品

共同體B

馬克思小傳

黑格爾哲學的
辯證法是
馬克思哲學的中心思想

　　馬克思關心的對象始終是「人」。事實上，《資本論》裡處處都在引用世界古典文學，而且從《資本論》的內容來看，馬克思雖說是一名經濟學家，但其實也有哲學家的一面。

　　馬克思的哲學素養來自他大學時與黑格爾辯證法哲學的相遇。所謂的辯證法，簡單來說就是從A與B兩種矛盾的理論中導出全新結論的論證方法，《資本論》內也能窺見辯證法的蹤跡。

　　首先，在黑格爾的哲學裡，自由作為一種理念存在，同時他假設自由將隨著現實歷史的發展而得以實現。不過馬克思的理論與黑格爾相反，他認為生產過程的發展為先，理念的實現是其結果。

　　由此可見，馬克思哲學的核心概念承襲自黑格爾的辯證法。實際上，據說有的人也會把馬克思評為「經濟學家版的黑格爾」。

☑KEY WORD

商品二因素

馬克思的見解是商品擁有雙重價值。使用價值的意思是滿足人類慾望的有用性,交換價值則表示一種使用價值與另一種使用價值交換時的分量關係。

☑KEY WORD

勞動價值論

這種理論認為,之所以能產生有價值的商品,歸因於人類製造商品的勞動所帶來的價值。另外,馬克思覺得商品的價值是以其中含有的人類勞動量來決定。

☑KEY WORD

具體的有用勞動

生產商品的勞動也存在二重性。其中之一是具體的有用勞動,這個詞彙指的是製造某件物品、從事某種服務等,能為商品創造有用性的具體勞動。

☑KEY WORD

抽象的人類勞動

勞動二重性之一。所謂抽象的人類勞動,具體而言並非意指人類的勞動,而是「使用能源」、「經由人手」這種模糊抽象意義上的勞動。

Chapter

2

從商品衍生出來的貨幣

錢你一直都在用。
話說回來,你知道錢是什麼嗎?
讓我來教你吧。

平時為了生活,我們購買任何東西都一定要付錢。 那麼,這個 「錢財」的概念到底是怎麼產生的呢?本章將詳細解釋貨幣的誕生及其功用。

01 布和鹽是貨幣的起源

在以物易物的時代，貨幣的替代品是能跟任何商品交換的物品。

馬克思曾說，只要有一件商品能與所有商品劃上等號，該商品就是一種貨幣商品。比如說，假設「20碼麻布等於一件上衣」的換算規則已普及到其他商品上，那麼20碼麻布的價值就會與其他商品相等，於是我們便能以麻布交換其他所有的商品。在這種情況下的的麻布稱為「**一般等價物**」。換句話說，麻布是一種「貨幣商品」。

與全部商品劃上等號的貨幣商品

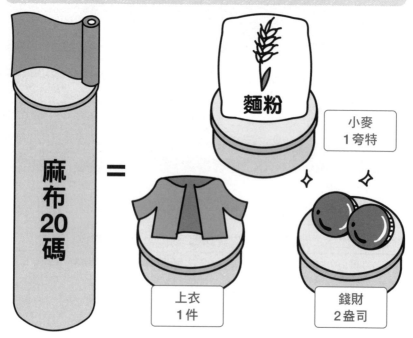

可兌換一切商品的商品具貨幣作用。

於錢鈔普及前的時代，鹽、寶螺、水稻等物品也有跟貨幣一樣的功用，在日本主要是以水稻做交易。當時的日本人稱水稻（日文讀作ine）為「ne」，聽說日文價格（nedan）一詞就是由此而來。另外，日文紙幣的「幣（hei）」則是布（fu）這個字的音變衍生，諸如此類的例子，**表明布料或水稻在當時成了金錢的替代物，也就是一般等價物。**

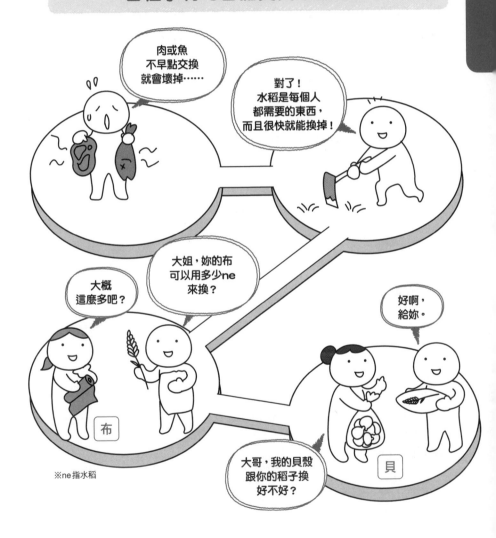

各種事物均曾擔負貨幣的功能

※ne指水稻

02 黃金確立其作為貨幣的主導地位

在為五花八門的商品劃上等號以交換的過程中，實現貨幣作用的商品最終歸於一種。

隨後擔負貨幣責任的是**黃金**或**白銀**。馬克思定義「貨幣形式本就是具一般等價物社會職能的一種商品」，同時他表示黃金跟白銀很符合這項定義，畢竟無關大小尺寸，其品質均一，量化方便，也很容易切分或融合。從這兩種物質在世界各地都被當作貨幣使用的情況看來，正如馬克思所述，金銀相當適合用作貨幣。

被選作貨幣的貴重金屬

品質均一

易於量化

容易切分與融合

貨幣形式是具備一般等價物社會職能的商品！

雖然黃金跟白銀不是史上最早的貨幣，但基於以上三個理由，人們認定其很適合擔任為所有商品劃上等號的「貨幣商品」。

金銀獲得「主導地位」，可與任何商品等價交換。馬克思亦言，「金銀本非貨幣，但貨幣天生是金銀」。這句話看似奇特，不過卻表達出貨幣生於商品之中的觀念。隨後商品經濟誕生，不久便形成了資本主義社會。

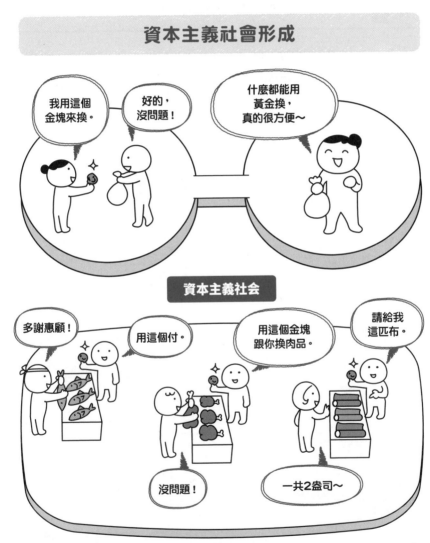

資本主義社會形成

我用這個金塊來換。

好的，沒問題！

什麼都能用黃金換，真的很方便～

資本主義社会

多謝惠顧！

用這個付。

用這個金塊跟你換肉品。

請給我這匹布。

沒問題！

一共2盎司～

自從金銀等貴重金屬成為貨幣商品被用於兌換後，上述買賣交易便有所增加，形成商品經濟。

03

這個世界是商品－貨幣－商品的循環

表示商品與貨幣關係的交換過程公式，顯現出反覆將商品轉化成貨幣，貨幣再轉換為商品的過程。

馬克思分析，人們一再地製作並販售有使用價值的商品，藉此換取金錢以購買自己的必需品。生產商品後賣出，取得貨幣後再買別的商品，馬克思將這套流程以算式「**W-G-W**」表示。W是德語的「Ware（商品）」，G則有「Geld（貨幣）」的涵義。

賣出商品，賺取資金

W-G-W
這條等式代表製造、販售商品，並以銷售所得購買其他商品的循環。

那我買一個好了。

您覺得如何？

Geld（貨幣）

嘿咻、嘿咻！

來用營業額買想要的東西。

多謝惠顧！

Ware（商品）

Ware（商品）

歸根究柢，人類創造有使用價值的東西是因為大家都想有錢。只要賣出自己做出的商品，錢就會進入自己口袋。如此一來，我們便能買到自己想要的東西。**為了購買那些必需品，許多人開始投入社會分工中製造商品**。於是馬克思所表述的W-G-W循環便得以在社會上運作。

整個社會都在運行 W-G-W

什麼是商品的驚險一躍？

如果想出售商品換取貨幣，那對買家來說，該項商品就必須有其使用價值。

只要口袋裡有與商品等值的貨幣，任誰都能輕易購入商品。但把做好的商品變現，也就是賣出去換錢這點，其實是非常困難的事情。馬克思將這件事形容成**「商品的驚險一躍」**。儘管商品與貨幣在價值上的分量相同，可兩者的關係卻並不對等。

銷售商品是很困難的

奇怪？完全賣不出去……這樣賺不了幾個錢啊！

我不喜歡這個設計。

我有一樣的東西了說。

價格太貴了啦！

對每個賣商品的人來說，確保自己賣的東西對持有貨幣的人而言有使用價值是很重要的。只不過，找出使用價值的點卻是因人而異。

若想出售商品換取貨幣，那這項商品就必須對付錢的那一方有價值。假如有好幾個一樣的商品，買家多半會選價格便宜的那個。**賣家必須使出渾身解數，才能把商品變換成貨幣**。馬克思引用莎士比亞戲劇的台詞，將此事形容為「雖商品愛貨幣，可真愛無坦途」。

用各種手段來賣東西

想把商品變換貨幣，不僅要掌握人們的需求，還得經常發掘新的銷售策略。

05 貨幣的職能

貨幣具備多種用途，馬克思在書中一一論其功用。

貨幣有一種功能是「**價值尺度**」。首先，商品是有價的。這種幫商品標價的動作，是為了以簡單易懂的方式顯示該商品的價值。我想大多數人在買東西的時候，應該都會看價錢來決定要不要買。換言之，可說貨幣擁有表達商品價值尺度的功能。

推算商品價值的功能

正是因為每件商品都有標上價格表現其價值，我們在購物的時候才有辦法考慮要不要買它。貨幣的確身負顯示商品價值的功用。

另外，「**流通手段**」也是貨幣的職能之一。貨幣是在購買商品時支付給賣家的媒介。商品能在世界各地流通是因為人們可以藉由貨幣來支付其價值。也就是說，貨幣在實現商品作為商品的價值上扮演非常重要的角色，可**商品卻是憑藉人類的勞動力才有價值**。結果到頭來，貨幣顯現的是勞動的價值。

商品面世是因為有貨幣存在

請給我這個商品。

謝謝惠顧！

這是我上次買的，但現在沒在用了，你要嗎？

要！來，錢給你。

正是因為貨幣的存在，我們才有辦法支付貨幣換取商品。有了這套循環，商品便能銷往世界各地。

06 為什麼人們想要有錢？

只要存錢，就能買很多想要的東西，能做到的事也會變多，所以人才會想要錢財。

貨幣的另一項職能是保值，這導致貨幣能被人儲蓄，馬克思稱之為「貨幣囤積」。所謂的囤積貨幣，意思就是將貨幣放著不用。如果把會腐敗的魚或肉轉化成貨幣的形態，便能盡可能保留住它的價值。然而貨幣被貯藏起來就不會增加，於是馬克思才會用「**貨幣囤積**」一詞來表述這項行為。

貨幣能夠保值

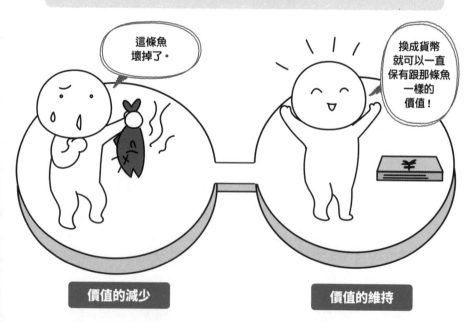

許多商品會因時間的推移而腐敗過期，無法維持其價值，但貨幣可以永遠將這份價值保持原狀。

這麼一來，人們便能藉由貨幣來保存商品的價值，所以大部分的人都會覺得「貨幣愈多愈好」。換句話說，這代表比起販售商品，人們更想站在買方的立場。**想要更多黃金的慾望，馬克思命名為「求金欲」**。正因能保存價值，貨幣才總是人們渴求的存在。馬克思從這裡看到了資本誕生的原點。

人類永遠渴求貨幣

因為可以保存價值，
所以試著存了一些錢，
有這麼多錢，我簡直無所不能！看是要
吃大餐、去旅行，還是買點貴的東西……

豪華大餐

旅行

有了貨幣
想做什麼都可以！

所以人才會
想要錢。

馬克思的青年時代 從對資本主義體制的疑惑 到對勞動方式的闡述

　　1830年，12歲的馬克思進入威廉中學（歐洲的中等教育機構）就讀。從這所學校畢業之際，馬克思寫的畢業論文題為〈青年人選擇職業的省思〉。他在這篇論文中寫道，人類唯有為眾人的幸福和整個世界工作，才有辦法完善自己。馬克思這種從《資本論》中亦可窺見的正義感，在這個時期便已然形成。

　　當時的資本主義社會處於一個很糟糕的境況，即使說工人們被資本家奴役也不為過。正因馬克思對這樣的現實抱持疑問，才有辦法統整出這篇主張「為人民謀福」，並論述工作重要性的論文。因此，馬克思很鄙視當時經濟學家的想法跟態度，畢竟這些經濟學家一味地專注在那些為資本家提升商品價值的分析上，對勞工長期遭到剝削的現實視而不見，甚至未曾採取行動對社會提出任何訴求。

☑KEY WORD

一般的等價物

意指可與稻米、小麥等所有商品劃上等號的貨幣商品。因為是一種可以跟眾多商品交換的商品,所以即使在商品之中也地位特殊。

☑KEY WORD

W-G-W

W代表德文的「Ware(商品)」,G則是「Geld(貨幣)」的意思。馬克思擷取這兩個詞彙的起首字母表示商品流通的過程,即「販售自製商品換取金錢,再將這筆錢拿去購買別的商品」。

☑KEY WORD

商品的驚險一躍

這個術語形容的是,只要口袋裡有堪堪足以購入商品的貨幣,任誰都能輕易買到商品,但要把自製商品賣出變現卻很困難。

☑KEY WORD

貨幣囤積

指貨幣具備能保存價值的職能。雖說貨幣可供儲蓄,但藏於庫中的貨幣並不會增加,所以馬克思選用帶有「偷偷隱藏」意思的「囤積」一詞來定義此事。

Chapter

3

從貨幣中誕生
擋不住的資本增值

資本原來就是會讓人
想做大的東西，
擁有資本這件事沒那麼了不起。

貨幣的誕生是資本主義社會成立的前提條件。 資本家藉由增加財富，無止盡地擴增手中的資本。 本章將以馬克思的觀點為本，對這種無法停止增長的資本進行說明。

01 資本等同於不停增長的價值

馬克思把商品藉由生產販售改變價值大小，獲得更高價值的運動定義為資本。

透過商品的生產與流通所增加的價值稱為「**剩餘價值**」。舉例來說，一名商人來到農村請求農民加工麥稈，並表示要將加工後的麥稈產品帶到城市裡販賣。**單純的麥稈因農民付出的勞動力而變得精緻，只要以高於原價的價格出售這些產物，就能說麥稈本身產生了剩餘價值**。不過在這種情況下，如何加工麥稈工藝品是農民的自由，所以資本主義的生產模式尚未成形。

生產商品以創造新的價值

此處產生剩餘價值，資本隨之現身。不過，在這種情況下，充當商品製作勞動力的農民，可以在自己方便的時間做自己喜歡的東西。

剩餘價值的產生是資本主義的核心。人們會為了追求更高的剩餘價值而致力於尋找更高的生產力。由於引進資本主義的生產模式，工廠跟機器的配備得以大幅降低成本，因此從前這種在農閒期兼職做出的商品不再具有競爭力。換言之，資本主義社會的**內在命題是「必須無止盡地追求剩餘價值且不斷提高生產力」**。

為剩餘價值而追求生產力的擴增

即使是在同樣的市場互相競爭，只要能找到更快創造有價商品的方法，過去的手段就會變得難以產生價值。為了繼續提升價值，人類永遠會在這方面下工夫。

02 資本是一種運動

馬克思將資本定義成一種常態追求增值的運動。

如前所述（※請參照第48頁），馬克思分析出來的商品流通基礎流程，是製造商品、販售商品換取金錢，再去購買必要商品的「W-G-W」。從貨幣的角度來看，可窺見購入商品後，提升該商品價值再賣出的「**G-W-G'**」流程。這個「'」代表剩餘價值，而中間投資的資本則寫作＋α。這種增值運動就是「資本」。

商品與貨幣的流通

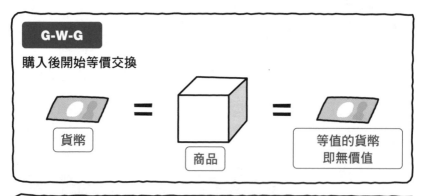

G-W-G

購入後開始等價交換

貨幣 ＝ 商品 ＝ 等值的貨幣即無價值

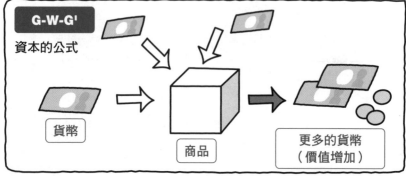

G-W-G'

資本的公式

貨幣 → 商品 → 更多的貨幣（價值增加）

假設生產並銷售商品之際會產生利益，也就是剩餘價值。這套流程正是「資本」的本質，唯有不斷悉心鑽研，致力提升商品價值的運動才叫作「資本」。

以《資本論》來說，不進行增值運動的金錢，以及放棄增值的資金都只是單純的錢財，並不隸屬於「資本」之下。

資本的本質是增值運動

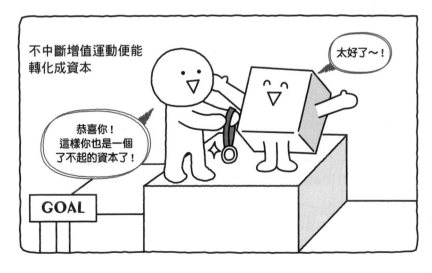

03 資本家是資本的人格化

為什麼資本家會毫不留情地剝削勞工，或是為了賺錢而破壞環境？是因為他們很貪婪嗎？

馬克思並不認為資本家的貪念只是單純的個人道德問題。作為資本運動的旗手，資本家是一種擬人化的資本，因此其貪欲是任由資本無限增值所驅動的產物。**即使現在把資本轉成股份公司，或是透過互相持有股份的方式解除人格化，資本的貪欲也不會有所改變。**

無關乎資本家的道德

馬克思以「**作為一個被賦予意念跟意識的資本發揮其作用**」來形容資本家。雖說資本家可用賺到的錢滿足自己的個人慾望，但純粹的資本運動會迫使他們重新投入所有增長的價值，以成就最大限度的增值為目標。明明原先是為了享受富裕而賺錢，如今卻把賺取最大利益當成自己的目的。

不知不覺，賺錢本身成了目的

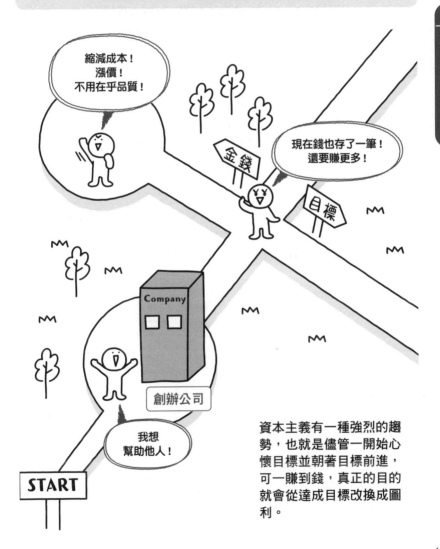

資本主義有一種強烈的趨勢，也就是儘管一開始心懷目標並朝著目標前進，可一賺到錢，真正的目的就會從達成目標改換成圖利。

04

不變資本與可變資本

馬克思將資本家在增值過程中所投入的資本分成「不變資本」和「可變資本」兩種。

假如花5000日幣的機械器材費製造商品,那麼將機械器材費的價值轉嫁到商品價值上即可。只是把機械形態的價值轉移到產品裡面而已。要是機械器材費上漲2000日幣,商品的價格也會漲兩千日幣。這種「原料」的價值在**生產過程的組成**中毫無變化的部分資本,名叫「不變資本」。

原料價值不變的資本

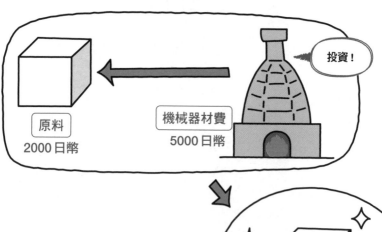

投資!

原料
2000日幣

機械器材費
5000日幣

當用於製造商品的東西,其價值毫無變化時,代表商品原料的價值直接原封不動地轉移至商品上。

扣除商品中的人事費後
原價7000日幣

綜上所述，單靠不變資本的部分無法令價值增加。但隨著「勞動力」的加入，情況將會有所改變。**勞動力是一種花得愈多愈有價值的東西**。例如以日薪3000日幣雇用勞工，只要該勞工的勞動時間長，一天的生產價值甚至會達到6000或8000日幣。相對於不變資本，這種會因消費而改變價值多寡的部分就稱為「可變資本」。

勞動力使產品的價值有所變化

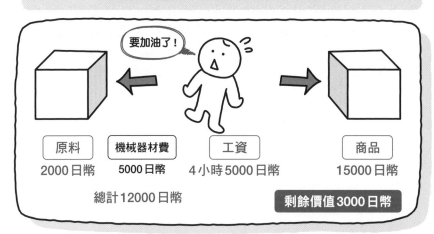

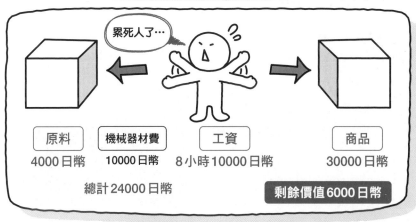

勞動時間愈長，勞動力所創造的價值就愈大。單單是多耗費一些勞動力，生產出來的商品便更加增值。

05 創造剩餘價值的是勞動力這種特殊商品

欲使投入的資本增值，必須投資一款名為勞動力的特殊商品。

如果要為「G-W-G'」的最後一個G添增附加價值，就一定得創造出剩餘價值。比方說一個用5000日幣購買的商品，若是在未增加任何價值的情況下賣出，則其價值不會超過5000日幣。正如各位所見，不變資本的部分僅僅是將價值轉移到商品上，不會使商品增值。那我們又該如何為商品創造正向價值呢？馬克思表示，促使商品增值的是勞動能力或**勞動力**。

勞動力具備獨特功用

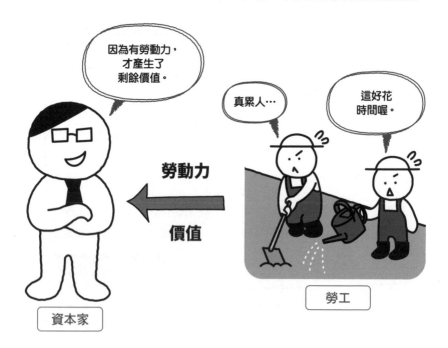

資本家付出鉅額資金設立一座製造商品的工廠，並準備了機械設備和原料。然後在以此為基礎雇用勞工來操作機器，**生產商品。生產商品這件事，既是消耗勞工身上勞動力的行為，同時也是產生剩餘價值的行為**。馬克思以「商品的使用價值本身即為價值的源泉」來描述勞動力所具有的獨特作用。

資本家為創造價值而花錢

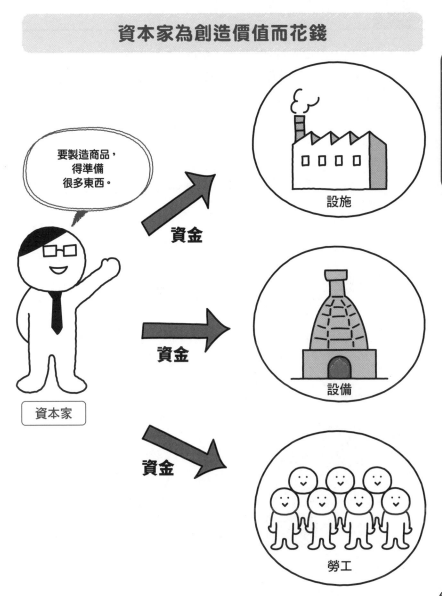

要製造商品，
得準備
很多東西。

資本家

資金 → 設施

資金 → 設備

資金 → 勞工

06 資本家僱傭工人是為了獲取剩餘價值

資本家為何要雇用勞工來生產商品？馬克思舉出兩個理由。

資本家僱傭勞工生產商品的目的是什麼？對此，馬克思列出兩個重點。其一，**為了透過生產兼具「使用價值」和「交換價值」的商品以取得更多的貨幣。** 不管耗費多少成本，沒有使用價值的商品就賣不出去，也無法產生「交換價值」。

使用價值與交換價值兼備的商品

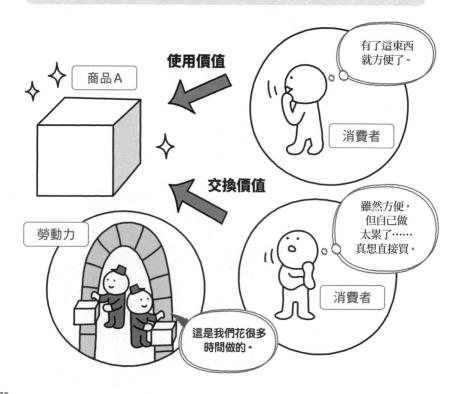

其二，**為了生產在使用價值和交換價值以外還能獲得「剩餘價值」的商品**。資本家希望從中獲利，而不是自己使用商品或做慈善。資本家以利潤為目的雇用勞工生產商品，結果導致**生產過程在資本主義社會便等同於價值增殖過程**。

同時兼具剩餘價值

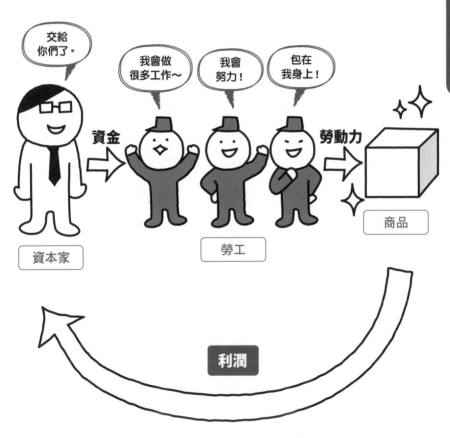

勞動力藉生產商品來增值。

KEY WORD → ☑ **勞動力價值＜勞動產品價值**

07 為取得剩餘價值，勞工遭到剝削

資本家要求那些自己買來生產商品的勞動力付出超過工資份額的勞動，藉此創造剩餘價值。

資本家為了增加自己手中的貨幣，預借貨幣購置設備和勞動力。此外，那些為獲得剩餘價值而雇用的勞工，資本家使用其勞動力的時間遠超其應得的勞動力價值（工資）。舉例來說，即使工人只要工作5小時就能產出相當於其工資的價值（這5小時叫作「必要勞動時間」），**資本家也會跟工人簽訂10小時的勞動契約，以將工人工作超出工資的價值納為己有。**

讓勞工超額工作

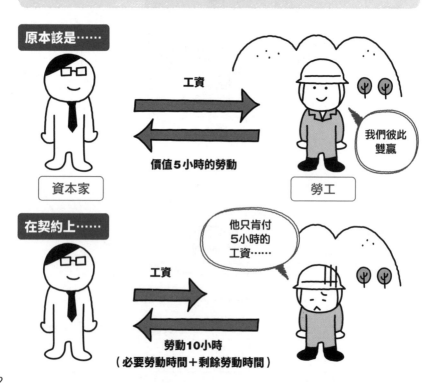

原本該是……

工資

價值5小時的勞動

資本家　　勞工

我們彼此雙贏

在契約上……

他只肯付5小時的工資……

工資

勞動10小時
（必要勞動時間＋剩餘勞動時間）

就算勞工只做工資內的工作也會形成價值，但不會產生剩餘價值。馬克思把勞工超出工資（必要勞動時間）的工作時間以「剩餘勞動時間」來表示。資本家透過驅使自己購買的勞動力產出工資以外的價值來讓價值增殖。換句話說，**勞動力價值小於勞動產品價值**這條不等式就是剩餘價值的泉源。

要產生剩餘價值，須有剩餘勞動時間

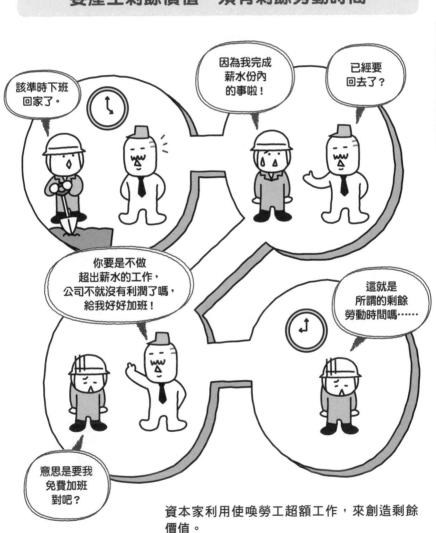

資本家利用使喚勞工超額工作，來創造剩餘價值。

08 資本家自以為
有平等對待勞工

馬克思曾把勞動者的命運說成「除了被打垮在地以外，什麼也期待不了的人」。

勞工被迫工作超出其必要勞動時間的狀況，被馬克思認定為「剝削」，然而**資本家往往認為，勞動力所生產的剩餘價值是藉由他們自己的才智和機器而誕生的**。對此馬克思分析道，儘管買賣商品的原則是等價交換，但在勞動力上卻是執行**不等價交換**。

剩餘價值來自資本家的聰明才智？

利潤增加是我的功勞！

才智

自己所準備的機器

商品

對資本家而言，剩餘價值是靠他自己的力量創造出來的。他們從不覺得自己有剝削勞工。

資本家

用那台機器製造商品的明明是我們！

按照契約拿薪水的勞工

資本家認為他們並沒有強迫勞工工作，雙方都是依自身的自由意志行動，在法律上也締結了對等的關係，而且是在雙方同意的基礎上交換彼此的勞動力商品與貨幣，所以他們是平等的。也就是說，**資本家對剩餘價值由剝削勞工而生一事毫無認知，只知道勞動力跟貨幣的等價交換**。

勞動力的不等價交換

資本家的想法

勞動力

工資

＝

所支付的價值

勞工也是按自己的意願工作，我們是平等的！

資本家

即使要求勞工超額工作，資本家也還是覺得自己是用工資等價交換勞動力商品。

事實上，勞動力是不等價的交換

我拿到的酬勞只有工作量的一半！唯獨無酬勞動（剩餘勞動）的部分被人剝削！

給你，這個月也辛苦了。

工資

勞動力

實際上，資本家並未全額支付勞工生產的價值，他們正在剝削勞工所創造的剩餘價值，因此可以說勞動力遭受不等價交換。

對於資本主義社會意見一致且意氣相投的兩人

　　1841年，馬克思在大學取得哲學博士的學位。翌年，當學生生活也宣布告終的24歲，他進入一家發行《萊茵報》的報社工作，這份報紙創刊於德國科隆。

　　馬克思在這裡一心撲在撰寫報導上。對於個性無法對自己的看法保持沉默的馬克思來說，記者的工作相當適合他。由於他的工作能力廣受好評，入職僅半年就晉升為總編輯，並繼續以《萊茵報》主筆記者的身分活躍於世，因此這份工作無疑是馬克思的天職。

　　也是這段時間，馬克思結識了他這輩子的好夥伴恩格斯（Friedrich Engels），他們對資本主義社會的觀點一致，所以經常保持聯繫。在談論馬克思時，恩格斯的存在必不可少，《資本論》或許可說是這兩人合力撰寫的。恩格斯信任馬克思的才能，甚至提供金錢援助推動《資本論》的完成。

☑ KEY WORD

剩餘價值

意指在商品生產與流通的過程中增殖的價值。倘若透過人類勞動力生產出來的商品以高於生產原價的價格出售，即可認定價值已在生產與流通之間增長。

☑ KEY WORD

G-W-G'

從貨幣的角度看待商品流通時的等式。這條算式代表購買商品後，不單單以等價交換的形式賣出，而是增值後再販售。「'」表增值後的剩餘價值。

☑ KEY WORD

勞動力

勞動力跟其他商品一樣擁有使用價值與交換價值，只是它是一種獨特的商品，其作為使用價值的人力勞動所創造的價值超過其自身的交換價值。勞動力的交換價值依身為所有者的勞工再生產的費用而定。

☑ KEY WORD

不等價交換

雖然剩餘價值是由勞工的勞動力所產出，但勞工拿到的薪資卻不曾等同於其勞動力創造出來的價值。這段話明確表現出勞動力經常受到資本家的持續剝削。

Chapter

4

資本對勞工的剝削

沒有哪家公司會給員工超出工作範疇的薪水。勞工永遠是被壓榨的對象

為了創造更多的價值，資本家從勞工身上購買勞動力，這筆買賣必然伴隨對勞工的剝削。從資本家剝削勞動者的原因，到過度剝削勞動力所帶來的影響，本章皆會一一說明。

01 勞工薪資等於勞動力再生的費用

勞工將勞動力作為商品賣給資本家，仰賴與勞動力等值的薪水過生活。那麼，勞動力的價值又該如何決定呢？

為了生存，人類需要每日三餐、休息以及睡覺的住所，有家人的話還要負擔他們的生活費。前往公司的交通費、習得知識或技術的教育費也是必要的支出。勞動者為維持健康繼續工作所花費的這些費用稱為「再生產費用」。換句話說，再生產所需要的必要工資就是**勞動力的價值**。

什麼是再生產費用？

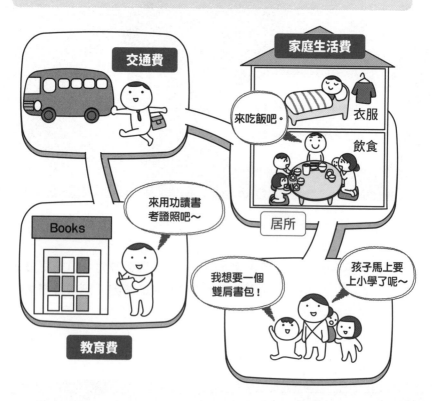

交通費

家庭生活費

來吃飯吧。

衣服

飲食

來用功讀書考證照吧～

Books

居所

我想要一個雙肩書包！

孩子馬上要上小學了呢～

教育費

但是，要是勞工做的工作只相當於再生產費用，就無法產生剩餘價值。於是資本家跟勞工簽訂僱傭契約，在勞工產生再生產費用的「必要勞動時間」之上，添加能形成利潤的「剩餘勞動時間」。馬克思從這邊發現剝削的蹤跡，曾言道：**「勞動力的價值等同於其他一切商品的價值，並受到這種特殊商品的生產還有再生產所需勞動時間所規範」**。

剩餘勞動時間不包含在工資裡

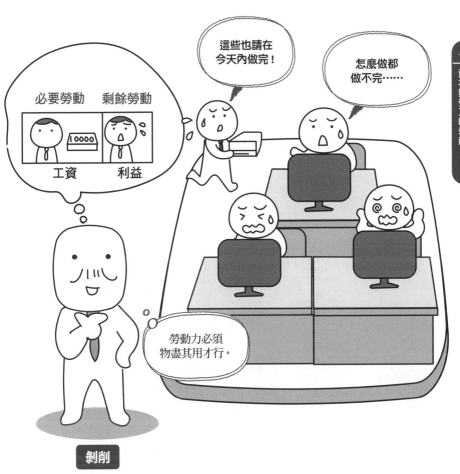

81

02 勞工只會售賣勞動力

為什麼勞工會被資本家強加剩餘勞動呢？這是因為他們除了勞動力以外沒有別的商品可以賣。

馬克思說，「資本家必須找到具有雙重自由意義的勞工。一是能以自由的人格安排自己的勞動力，二是沒有其他要賣的商品」。因為在以前的封建社會制度下，人人都是領主的所有物，**勞工無法依個人判斷出售勞動力，也不能簽訂資本家支付薪水的僱傭契約**。

沒有自由的勞工無法簽訂僱傭契約

能夠根據自己的判斷販賣勞動力的自由，以及除了勞動力以外沒有其他可售商品的自由，擁有上述意義矛盾的**雙重「自由」**，這樣的勞工對於想把貨幣轉化成資本的資本家來說是不可或缺的存在。另一方面，對於勞工而言又是如何呢？**雖然他們可說是具有「可以售賣自身勞動力」的自由，但「除了勞動力以外沒有可賣出的商品」代表他們別無選擇，只能在資本家的手下工作。**

自由使勞工立場薄弱

03 不能擁有產品的勞工

馬克思指出，有兩個規範被強加在勞工的勞動方式上，那就是「管理」與「所有權關係」。

勞工將勞動力作為商品賣給資本家，這代表勞動力屬於出錢購買它的資本家。也就是說，**勞工在勞動時間內不得不服從資本家的管理**。正如馬克思所述，「工人在資本家的監督下勞動，被規範不可浪費原料及愛惜勞動工具」，勞工遵從資本家下達的指示，同時在被限制自由的狀態下勞動。

勞工一直受到監管

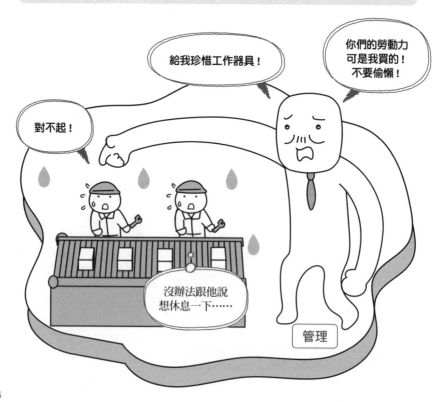

另外，馬克思亦言「**產品是資本家的所有物，而非勞工的所有物**」。雖然實際製作產品的人是勞工，但生產出來的商品到頭來也只是資本家的財產，並不屬於勞工。過去日本企業開始在國外生產商品的時候，曾經有工人擅自把商品帶出工廠。這是因為當時資本主義社會的常識對他們而言並不通用。

勞工無法擁有商品

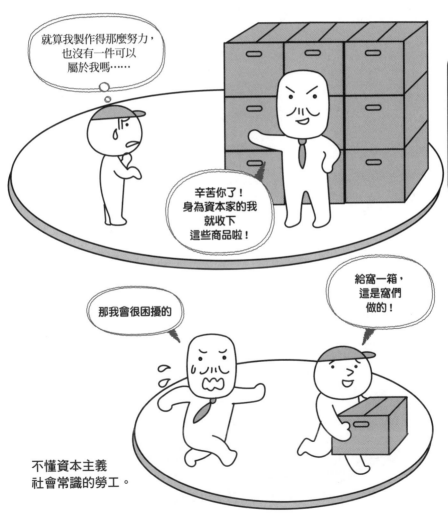

04 勞工被迫工作到極限

為創造最大價值，資本家要求勞工在時間允許的範疇下不停工作。

絕對剩餘價值是一種藉由盡量延長勞動時間所獲取的剩餘價值。例如在一天必要勞動時間為8小時的時候，盡可能延長8小時後的勞動時間，這段時間的剩餘價值就會增加。只不過，人的一天只有24小時。**假如為了絕對剩餘價值而過度延長勞動時間，將使勞工身心疲憊而難以再生產。**

絕對剩餘價值有限

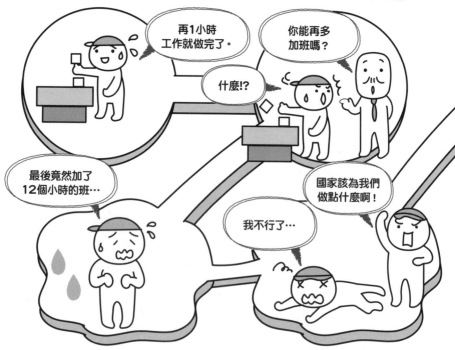

因為一天只有24小時，所以絕對剩餘價值有限。

綜上所述，**絕對剩餘價值的生產**擁有一定的時間限制。儘管如此，資本也會讓勞工工作到那條限制為止，藉此產生最大剩餘價值。雖說現在法律上有規定勞工工作時間的上限，但**驅使勞工工作到極限的觀念卻沒有任何改變**。證據是超時工作至今仍是一大社會問題。

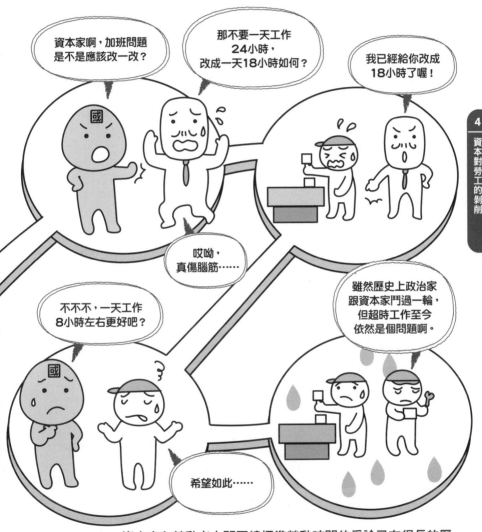

資本家和勞動者之間圍繞標準勞動時間的爭論已有很長的歷史，然而這個問題至今仍未被解決。

05 工作日的延長

資本家希望勞工進行剩餘勞動以獲取利益。只要是勞工，就會被迫超時工作。

在從前的金山銀山上，奴隸被迫勞動，他們的勞動幾乎都是為了創造剩餘價值的剩餘勞動。據說當時殘酷到「用七年的勞動耗費一條生命」的地步。日本也有人呼籲新進員工的工作量要「達到薪資的三倍」，理由是**超額勞動時間長**，員工自己跟公司都能獲得成長。

資本家想讓員工做剩餘勞動

剩餘價值愈多，利益也就愈多，所以擁有生產手段的資本家會試圖讓剩餘勞動時間多於必要勞動時間。「資本家有無限延長工作日的衝動」，正如馬克思所指謫的，**資本家會千方百計地逼迫勞工超時工作**。或許可以說，超時勞動是勞工無可奈何的宿命。

為了讓勞工工作而絞盡腦汁

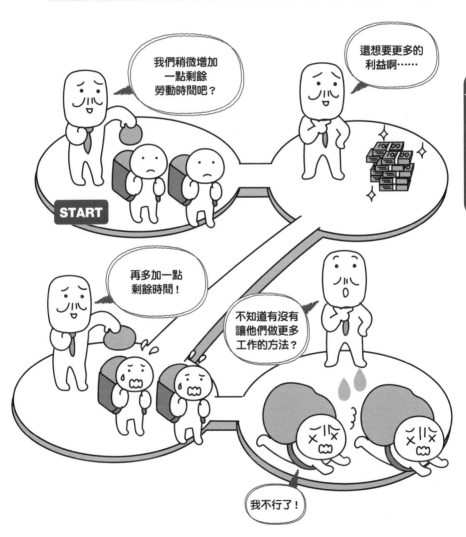

06 勞工不得不為賺錢加班

只要提供加班費，勞工就會向資本家奉送自己的勞動力——
馬克思早已看透了這一點。

最近，日本開始依勞動方式改革限縮加班時間。原先勞工的剩餘價值遭到資本家的剝削，所以不用加班應該會讓員工高興才對。只不過，現在還是有很多人依賴工資裡的加班費生活。也有一定人數的員工會為了增加扣除稅金和保險的淨收入，而不惜在有給津貼的**非正常工時**工作。

也有人想在額外時間工作

馬克思說過，「正規勞動時間內的勞動價值很低，這就迫使那些想掙得足夠工資的人，在額外時間做報酬更高的工作」。這代表從馬克思寫作《資本論》的年代起，人們就只能選擇為那些微薄的津貼加班。**比起提供給資本家的勞動量，勞工更關心自己領取的薪資多寡，這種嚴峻的情況至今仍然沒什麼變化。**

以加班費換取勞動力

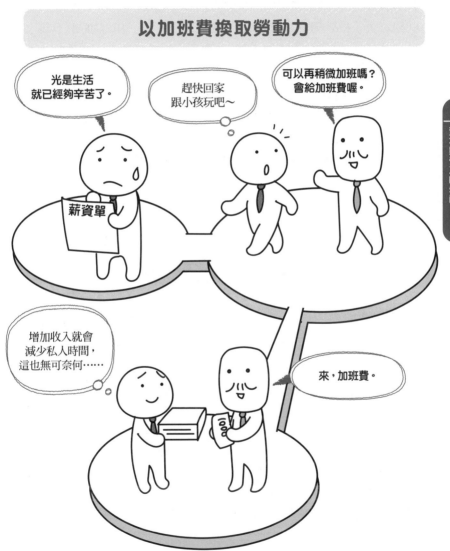

07 資本家也會壓榨童工和女性

不只成年男性，連孩童跟女性也能成為僱傭工人。據說這是源於機械設備的普及。

在現代社會，未成年學生打工或女性全職工作並不罕見，但以前的時代只要提到一個家庭的主要工作者，指的都是成年男子。馬克思認為資本家與勞工的關係隨著機械設備的普及而大幅改變，並表示「如今，資本購買未成年人和半成年人；現在，勞工出售他的妻子。他已然成了一名奴隸商人」。

機械設備改變了僱傭關係

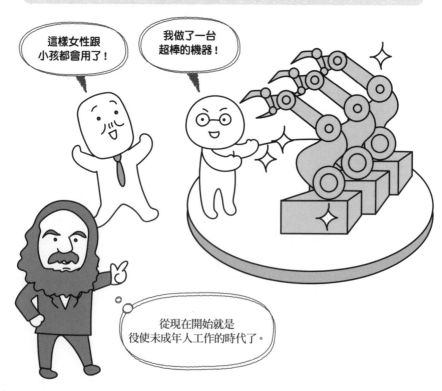

這樣女性跟小孩都會用了！

我做了一台超棒的機器！

從現在開始就是役使未成年人工作的時代了。

一旦機器設備普及，工人就不必是成年男子，資本家轉而**剝削童工和女性**。如此一來，勞工的數量增加，每人平均薪資則隨之減少。**只靠作為一家之主的丈夫出售勞動力會養不起一個家，所以他們不得不向資本家提供妻兒的勞動力。這樣不論是誰都被捲入了資本與僱傭勞動的關係之中。**

勞工增加＝工資降低

08 資本連勞工的身體成長 及發育都一併剝奪

被迫進行嚴酷勞動的孩童不僅難以保有健康，甚至連身體的發育都會受到影響。

那些未曾受到良好教育的孩子被要求上夜班，無法好好休息。馬克思以此為例，指謫**「資本掠奪人體成長、發育和維持健康所需要的時間」**。實際上，孩童被迫以令人難以置信的勞動方式工作，像是讓未滿15歲的少年工作到深夜兩點，在工廠睡3個小時，到早上5點再起床工作。

超時工作阻礙孩子的發育

錢也不多，所以連飯都吃不飽……

超時勞動不只無法維持健康，還會使身體停止成長……

瘦骨嶙峋

傷痕累累

長不高

被迫超時勞動的小孩

在馬克思生活的那個年代，資本家對工人要求的勞動時間是一天24小時，其中再扣掉些微休息時間。 貧窮的孩童屢屢遭受殘酷對待，不但身體的成長和健康出現問題，也不能接受教育，駭人的無知在工人階級的子女之間蔓延。對於強制勞動直接造成連同小孩在內的所有**勞工衰弱、變異**，資本家從未感到羞愧。

資本家毫無罪惡感

雖然目前先進國家禁止雇用童工，但在那些承攬先進國家產業的發展中國家裡，資本家仍繼續殘酷地壓榨孩童。先進資本主義國家明明只在自己國內禁止，卻還是陶醉在「我們人道對待所有員工」的自我想像之中。

09 資本家正在生產勞動力的損耗和滅絕

馬克思指出，不管做什麼都在追求效率、節制浪費的資本家，其實才是在浪費人類所提供的勞動力。

為了提升利潤，資本家在機器和材料的使用方法等方面煞費苦心，試圖徹底杜絕浪費。然而馬克思卻表示，這些資本家**在面對提供勞動力的人類時卻態度大變，有浪費人力的傾向**。對於把勞工塞進狹窄不健康的環境裡，還是讓他們操作未採安全措施的危險機器，資本家一點都不關心。

資本家為了利益追求效率

托他的福，我們完全沒得休息。

累死人了……

只要每天讓機器不停運轉，效率就會提高。

在勞工人力方面有浪費的傾向。

馬克思覺得對資本家而言，打造有助於勞工的環境是毫無意義的浪費。他還說「**資本主義式的生產是在浪費人類的血肉、神經與腦髓**」。事實上，歷史也曾有過不惜毀壞人性去追求利益的時代，而現代黑心企業中那些精神疾病的頻繁發生或**過勞死**等問題，都與馬克思的指謫一脈相承。

資本家對勞工漠不關心

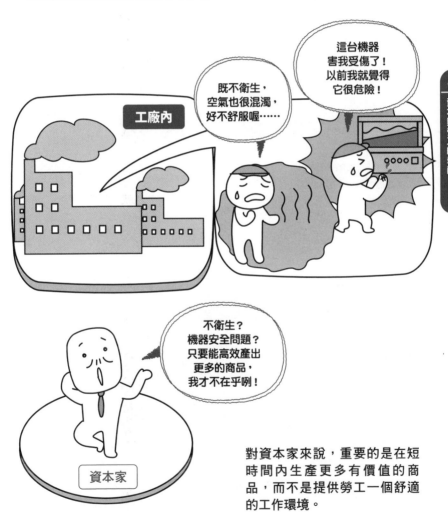

對資本家來說，重要的是在短時間內生產更多有價值的商品，而不是提供勞工一個舒適的工作環境。

10 勞動時間是抗爭的焦點

與一日勞動價值相符的勞動時間，資本家預設得更長，而勞工則以為更短。

對資本來說，理想的工作日是一天24小時，扣除短暫的休息時間。事實上，在工業革命時期的英國，工人被迫超時工作到近似於這個數值。但由於這樣的工作日毀了工人的健康，並縮短了他們的壽命，因此資本家必須耗費成本補充新的勞動力。**標準工作日**就是為了縮減勞動力再生所消耗的費用而生。

工作日曾是一天24小時

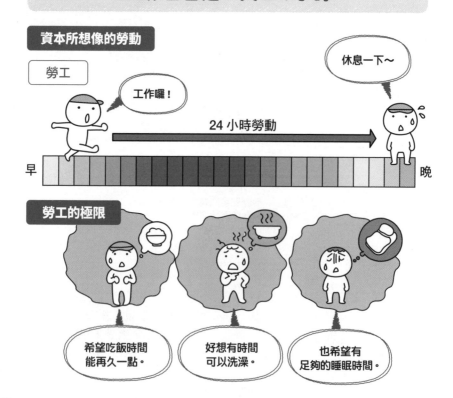

資本所想像的勞動

勞工

工作囉！

休息一下～

24 小時勞動

早　　　　　　　　　　　　　　　　　　　　　　晚

勞工的極限

希望吃飯時間能再久一點。

好想有時間可以洗澡。

也希望有足夠的睡眠時間。

馬克思指出，在工作日，勞工的肉體跟精神都有其極限，而且「一日勞動價值」具體需要多少勞動時間也尚無定論。資本家會**把符合一日勞動價值的勞動時間盡可能想得更長，而勞工則是會盡量將其設想得短一點**。於是雙方的想法就在**標準工作日**上起了衝突。

賣方和買方的假設發生衝突

對資本家而言的一日勞動價值

資本家希望延長符合一日
勞動價值的勞動時間。

至少要給我
工作12個小時！

對峙

對勞工而言的一日勞動價值

勞工希望縮短符合一日勞動價值的
勞動時間。

從領到的
薪水來看，
最多也就8小時吧？

11 為資本家設計的「勞動方式改革」

馬克思認為工廠法的制定，是資本家繼續壓榨勞動力的一種手段。

資本家在英國對勞工的剝削，不管是在肉體還是生理上都已超出界限，於是政府制定了**工廠法**。這是**針對煤礦或工廠等地雇用少年少女，在役使他們過度超時勞動上提出規範的一套法律**。乍看之下，這套法律好像很關注勞工的困境，也試圖改善勞動環境，然而馬克思卻不認為它是因出於拯救勞工的善意而撰寫的。

過度超時勞動受到管制

馬克思當然知道在制定工廠法時，有些人是出於人道動機而盡心盡力。但即使如此，工廠法擬定的背後也還是存在「如果沒有可以剝削的勞工，資本家也會很困擾」的結構。馬克思認為**資本家保護勞工，是為了繼續壓榨他們。**

法律為持續剝削勞工而制定

過度殘酷地奴役勞動力，使勞工瀕臨極限，反而會造成勞動力的減少。

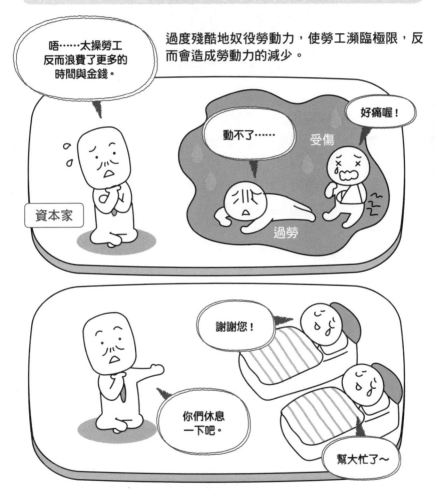

馬克思指出，勞動力是資本家剝削的對象，制定工廠法的目的是強制勞工休息以維持可剝削勞動力的再生。

馬克思小傳

其意見的
正確性與影響力
撼動了一個國家

　　馬克思的個性是徹底批判那些自己感到異常的事物，與恩格斯的相遇進一步激化他的這種性格。與遇到恩格斯之前比起來，馬克思在《萊茵報》上寫的報導帶有更多政治色彩，意見也更具攻擊性。

　　當時馬克思的批判態度樹立了很多敵人，但與此同時，也出現更多支持他的人，產生相當大的影響力。

　　到最後，馬克思批判的矛頭終究指向了俄羅斯政府。俄羅斯是泱泱大國，通常應該不太會去在意一名記者的批評意見。然而不曉得是不是馬克思的批評太過一針見血，令人忌憚，當時的皇帝尼古拉一世對馬克思任職的報社施加了壓力。轉眼間《萊茵報》被迫停刊，馬克思失去了他的工作，不過或可說在這次事件中，是皇帝自己讓馬克思的影響力和批判正確性為世人所知。

☑KEY WORD
「自由」的雙重意義

資本家想找的勞動者身具兩種意義的自由。一是能自己安排自己的勞動力。另一個則是撇除勞動力外，沒有其他可售賣的商品。對資本家來說，同時擁有這兩種自由的勞工不可或缺。

☑KEY WORD
絕對剩餘價值的生產

意指透過盡力延長勞動時間所獲得的剩餘價值。這種價值有一定的時間限制，資本家役使勞工工作到這條界限，產出剩餘價值。

☑KEY WORD
勞工的衰弱與變異

為了創造剩餘價值而超額勞動，扣除短暫的休息時間，幾乎持續工作了24小時。這種方式不僅難以維持勞工的健康，也會妨礙未成年孩童身體的成長與發育。

☑KEY WORD
標準工作日

勞工的健康因甚少休息的超時工作而崩潰，縮短壽命。因此職場迫切需要補充新的勞動力，但這麼做所費不貲，所以為了減少在勞動力的再生上消耗的成本而制定了這項規定。

Chapter

5

資本不僅剝削勞工
還剝削整個
社會和大自然

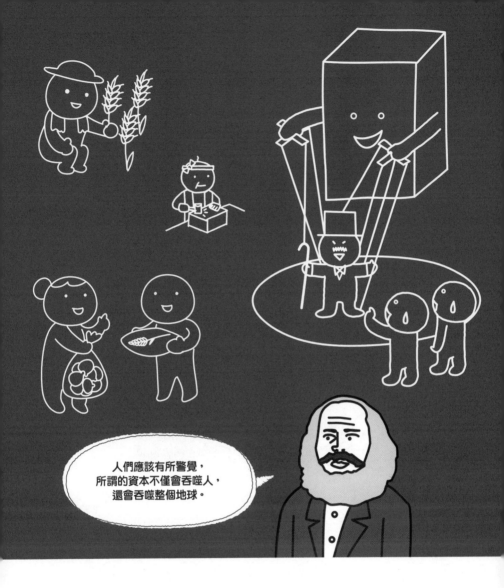

資本不只壓榨勞工。隨著資本主義社會成為主流，其剝削的髒手甚至伸到整個社會與大自然上。本章將會說明資本主義社會不斷剝削的本質，以及剝削對世界的影響。

01 「當衣買酒喝」 是資本家的座右銘

資本家根本不在乎勞工的健康和壽命，他們以「當衣買酒喝」的心態苛待勞工。

隨著資本主義的蓬勃發展，殘酷役使勞工的情況也變得更加嚴重。人才的消耗在英國尤其嚴重，城市地區的棉紡織業工人平均壽命據說不到20歲。然而，資本家對勞工的健康和壽命不感興趣，反倒試圖鑽工廠法的漏洞，設法增加剩餘勞動時間。**他們腦中只有「當衣買酒喝，顧嘴不顧身」這句口號。**

資本家不會為勞工的健康與壽命考慮

中年資本家

唔……
有沒有什麼
規避它的手段？

將對工作日
設下一定的限制！

很好很好，
一切順利！
充分為我
工作吧～

工時又被
拉長……

我受不了了！

未成年勞工

馬克思看見資本家貪婪的模樣，批評道：「他們毫不在意人類的衰落與人口縮減，而且可能還會繼續這麼做」。資本家則認為「勞動之苦明明會增加我們的利益，那我們為什麼要讓自己受苦呢？」並將自己的行為正當化。**資本的目標唯有增值一途。**

資本家只要能克服現在就夠了

又有一個人死了！

資本家根本不在乎勞動者的未來！所以他們才從未改變過自己的做法，不是嗎？

太過分了！

年輕勞工

利用勞動創造我的利益，這有錯嗎？

馬克思

資本家

02 資本對使用價值漠不關心

資本永遠只關心數量的增加，除此之外的事情都一無所知。

資本對使用價值沒興趣。當然，如果商品不具任何有用性就賣不出去，所以在銷售商品的層面上還是有點興趣的，不過其實就算不具有用性，只要賣得出去就好。畢竟不管怎麼說，資本的目的都是量的增加。因此**不必製造出真正有用的東西，只需看起來有用即可**。

總之量在資本主義社會很重要

總而言之，增量是資本主義及資本的本質。也就是說，資本中存在「**量勝於質**」的必然性。如果人們因資本主義的發展而變得富有，那對資本而言也只不過是一個附帶效益。換言之，對於「增加有用事物，豐富生活，讓人類過得更幸福」這個原先的使用價值，資本在本質上並不在意。

「量勝於質」是資本主義的本質

03 資本也欺騙消費者

資本家不只用重度體力勞動壓榨勞工，還偽造食品欺瞞消費者。

麵包業曾因資本家的出現而造成問題。**麵包工會解散後，資本家開始參與麵包製程，隨後他們開始做出各式各樣的黑心食品以提升利潤。**聽說他們曾經毫無限制地使用明礬好讓麵包膨鬆柔軟，還不必要地加鹽，甚至把不該被吃到的砂粒也加到麵包裡。

黑心食品造成食品品質低落

一群製造黑心食品，以及賤價售賣食品業者的形成，是從同一個時期發展起來的。資本主義式的生產不僅帶來黑心食品，還帶來無止盡延長的工作日和夜班值勤。以原價銷售食品的正牌業者將這樣的實情揭發出來，疾呼「**他們一是欺騙民眾，二是給12小時的薪資卻讓師傅工作18個小時**」。

正牌業者的告發

當時這種因勞動形態而偽造食品的事實遭正牌業者檢舉告發。

資本家不但強迫人加班，還做黑心食品！

哎!?

正牌業者

有蟑螂屍體，還有蜘蛛網……

麵包裡出現的東西

蟑螂

蜘蛛網

明礬

報告調查

報告調查

我們吃的竟然是這種東西!!

看過調查報告的人們憤怒至極，他們雖然知道麵包上浸透那些師傅因過度勞動所流下的汗水，卻不曉得裡頭居然還混有死蟑螂及蜘蛛網等髒東西。

04 資本亦剝削大自然

為了增值，不僅僅是人類的勞動力，資本連大自然都無情地剝削。

如今全世界天天使用的智慧型手機、個人電腦、冰箱和洗衣機等用品，可說是生活的必需品，而我們**主要仰賴石油和天然氣等化石燃料讓這些機器運轉**。但是，化石燃料是一種不可再生能源。總有一天必定到來的**資源枯竭**，可能將使我們無法維持目前的正常生活。

富裕的背後是資源的枯竭

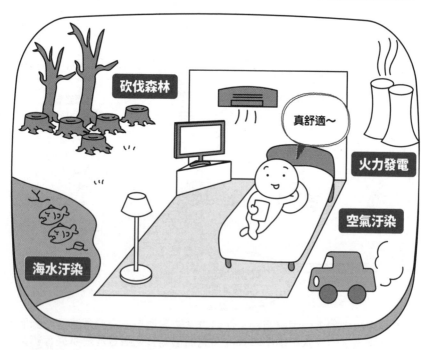

人類的生活受到許多資源的支撐。

在資本主義社會中，**人類消費和破壞自然的程度已到達令氣候變動的程度；儘管人們意識到了這個事實，卻並未阻止經濟成長和過度消費**。然而，至今仍加速增長的經濟與消費所帶來的**環境破壞**，早已不再是可視而不見的階段。彷彿預言一般，馬克思當時就已提到這些我們現代也面臨的環境問題。

資本主義破壞環境

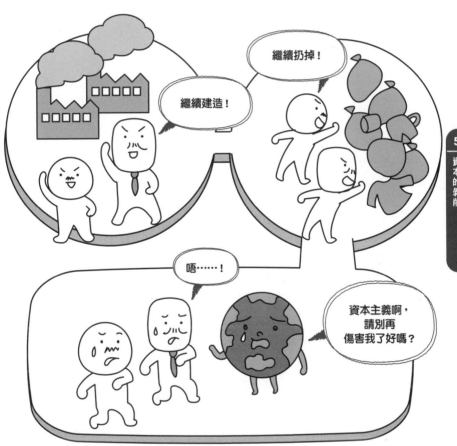

環境因經濟成長和過度消費而遭受破壞。

05 資本侵奪並搗亂大自然的代謝

儘管呼籲眾人齊心應對環境危機，不過若不從資本主義的體制著手，就無法解決問題。

以日本為首，世上被稱作先進國家的地方大多都屬於資本主義社會，而且生活在先進國家的人都過著豐富的物質生活。可**資本依舊讓人類超時工作，並持續在全世界榨取自然的力量和資源**。面對這樣的事實，先進國家發起**SDGs**，日本也正在實施付費塑膠袋與紙吸管等各式各樣的政策。

空泛的 SDGs

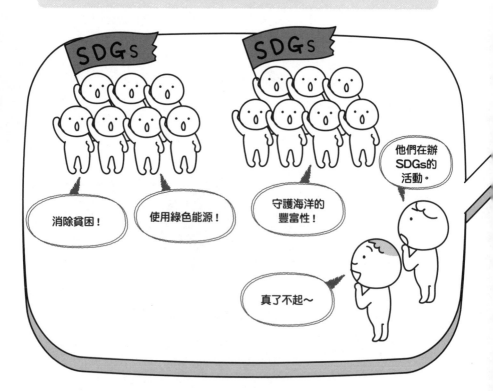

只要我們不停止過度消費，大自然還有被當成廉價勞動力壓榨的人就會持續被消耗掉。可是**在資本主義社會，一旦停止消費，經濟就無法循環運轉。如果經濟不運轉，人的生活也無法運轉**。從這方面來思考的話，便明白**資本主義社會在結構上必須持續剝削環境才能運作**。人類在資本主義之前的經濟活動是與自然界的新陳代謝和諧共處。資本理論侵占經濟活動的結果，打亂了自然物質的代謝。**倘若不去批判資本主義，那SDGs就只不過是紙上談兵的概念罷了**。

馬克思小傳

column

一邊輾轉於各據點，
一邊堅持
社會主義運動的馬克思

　　失業後的馬克思，將活動據點從德國轉移到法國巴黎。當時的法國是社會主義人士的大本營，馬克思參與時，比起哲學議論更重視實踐。

　　活動起來比在《萊茵報》當記者時更加激進的馬克思，出版了一系列名為《德法年鑒》的雜誌。他在巴黎認識的詩人海涅（Heinrich Heine）和恩格斯都有參與這本雜誌。

　　只不過，馬克思的革命活動以政治批判為核心，這點使他無論在哪都會樹立敵人。《德法年鑒》在創刊之初就被迫停刊，馬克思甚至被法國政府下令驅逐出境。

　　其後馬克思將活動據點搬遷到比利時，並在那裡和恩格斯一起寫出《共產黨宣言》，這部宣言旨在團結全歐洲的社會主義運動。但這也導致他被逐出了比利時。如上所述，馬克思就算被驅逐出境，也仍然持續參與社會主義運動。

☑KEY WORD
「量勝於質」的必然性

資本只對量的增加表示關心。並非生產具有用性的商品，而是那些看上去有用，能賣掉就好的商品，這便是資本的本質。

☑KEY WORD
黑心食品

從前為了大量生產麵包，曾經有人把明礬等物質混進麵包裡，使麵包更加膨脹鬆軟，這樣的黑心食品在資本主義社會中基本上算司空見慣。此外，許多的食品裡還含有其他雜質。

☑KEY WORD
資源枯竭

使生活所需機器設備運轉起來的燃料，幾乎都是石油、天然氣等作為不可再生能源的化石燃料。資本主義社會中對自然環境的破壞，在不遠的將來必定會使資源枯竭。

☑KEY WORD
空泛的SDGs

雖然包含日本在內，世界各國都在實行SDGs以遏止環境破壞，但只要資本主義社會繼續存在，人們就無法阻止過度消費，形成一種持續剝削勞動力和大自然的社會結構。

Chapter

6

科技進步與資本主義

自19世紀工業革命以來，資本主義有了飛躍性的進步，這與各種技術的發展有關。那麼，隨著科技的進步，資本主義社會的形態又有什麼變化呢？本章將解說科技與資本主義之間的關係。

01 資本主義為何要促使生產力飛速增長？

以增加相對剩餘價值為目標提高生產力，而非總有其限制的絕對剩餘價值。

有兩種方式提高生產力，也就是增加剩餘價值，那就是增加「絕對剩餘價值」與**「相對剩餘價值」**。前者代表盡可能延長勞動時間所獲得的剩餘價值，後者則**是縮減必要勞動時間所獲得的剩餘價值**。由於勞動時間的延長有限，所以資本主義的發展會朝向追求相對剩餘價值，而非絕對剩餘價值。

從絕對剩餘價值到相對剩餘價值

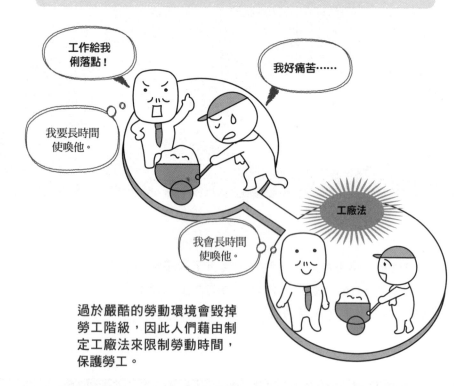

工作給我俐落點！

我好痛苦……

我要長時間使喚他。

我會長時間使喚他。

工廠法

過於嚴酷的勞動環境會毀掉勞工階級，因此人們藉由制定工廠法來限制勞動時間，保護勞工。

相對剩餘價值是從生產力的增長中所獲得的剩餘價值。舉例來說，如果將某種產品的生產時間從八小時減至六小時，便可縮減必要勞動時間，提高剩餘價值。如上所述，**盤算如何縮短勞動時間，想方設法增加剩餘價值的範疇，透過這種方法所取得的便是相對剩餘價值。**

相對剩餘價值的增加是資本主義社會的關鍵

假設一定數量的開棉工作總計耗費8小時。

不過可藉由協力合作提高效率……

這項工作我們一起做效率更好。

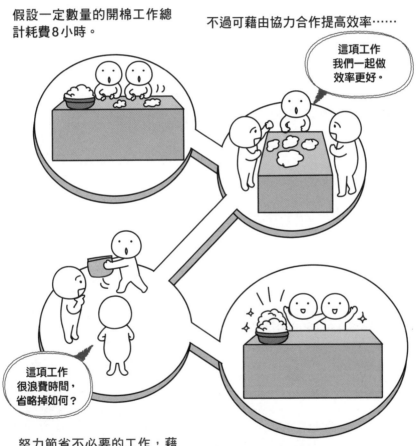

這項工作很浪費時間，省略掉如何？

努力節省不必要的工作，藉此提高作業效率

結果，相同數量的開棉工作縮短成6個小時。這2小時的差異就叫作相對剩餘價值。

02 生產力上升造成 綿延不絕的削價競爭

以創新取得的超額剩餘價值將導致連延不斷的削價競爭。

資本過去追求相對剩餘價值以持續提高生產力,而在資本主義社會,則是利用新科技的研發以及新的組織原理等一切手段來增加生產力。除此之外,還有一種特別重要的剩餘價值,名叫「**超額剩餘價值**」。這種剩餘價值一般是指創新獲得的價值。

超額剩餘價值＝有期限的剩餘價值

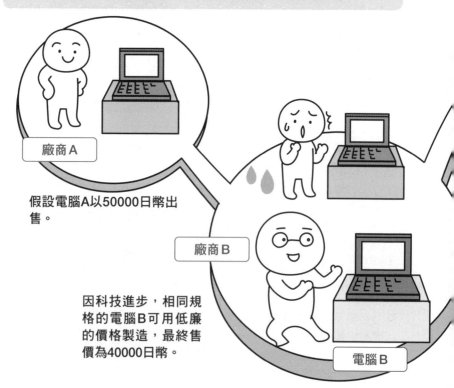

廠商 A

假設電腦A以50000日幣出售。

廠商 B

因科技進步,相同規格的電腦B可用低廉的價格製造,最終售價為40000日幣。

電腦 B

超額剩餘價值意指**有限期且總有一天會消失的剩餘價值**。比方說一台電腦的售價為五萬日幣，經由生產方式的創新，同等性能的電腦便能以四萬日幣銷售，此時獲得的利潤便是超額剩餘價值。當然，這種臨時好處會因該行業其他公司的仿效而消失。而且，這樣的競爭將連綿不絕地持續下去。

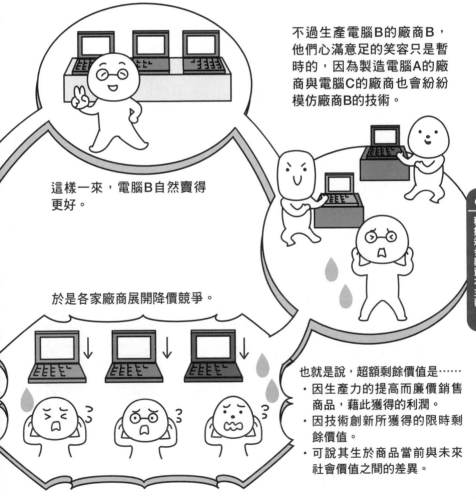

不過生產電腦B的廠商B，他們心滿意足的笑容只是暫時的，因為製造電腦A的廠商與電腦C的廠商也會紛紛模仿廠商B的技術。

這樣一來，電腦B自然賣得更好。

於是各家廠商展開降價競爭。

也就是說，超額剩餘價值是……
· 因生產力的提高而廉價銷售商品，藉此獲得的利潤。
· 因技術創新所獲得的限時剩餘價值。
· 可說其生於商品當前與未來社會價值之間的差異。

03

「協作」使生產力提高的兩個原因

增加相對剩餘價值的「協作」。在資本主義社會中，其成效又是如何？

有一種提升生產力的具體方法是「**協作**」。所謂協作，指的是在製造產品的過程中，有計畫地將多數相關勞動工作匯整起來互相合作的機制。讓那些召集而來的工人分工合作，藉此發揮出比單純的勞動力總和更大的生產力。馬克思對此解釋，「有計畫的協作將擺脫勞工個體的諸多限制，發展社會力量」。

勞工群聚工作較佳

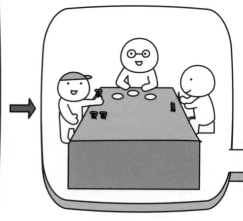

在製造時鐘上，比起分別在不同地方工作，

位於同一個職場工作的效率更高。

而且，共同使用工具或機器等生產手段也會降低生產成本。因為這些生產手段可被更多人利用，單一商品的費用便會減少。透過上述削減生產成本、提高生產力等方式，我們可以說，**在資本主義中謀求協作將大大增加相對剩餘價值。**

盡量讓更多人共用機器

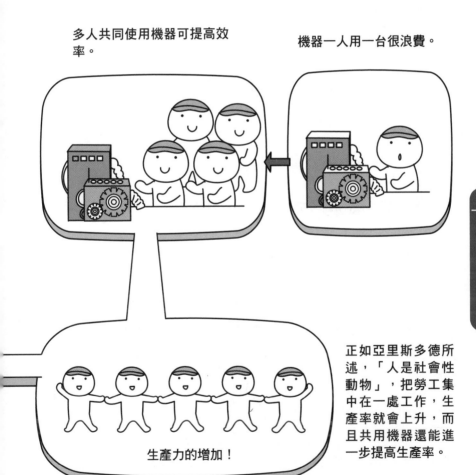

多人共同使用機器可提高效率。

機器一人用一台很浪費。

生產力的增加！

正如亞里斯多德所述，「人是社會性動物」，把勞工集中在一處工作，生產率就會上升，而且共用機器還能進一步提高生產率。

04 從工廠手工業往機器大工業的變革

工人職責分工明確且更專業化。同時藉由引進機器，進一步增加剩餘價值。

一旦透過協作將勞工聚集起來，接下來便會出現「分工」。初期的工業生產模式稱為**工廠手工業（手工作坊）**，在這種模式下，**工人的職責分配變得更加細分且更專業，形成更有體系的生產體制**。在傳統手工業中那些只有工匠才會做的產品不復存在，生產效率也更加提高。

什麼是工廠手工業（手工作坊）？

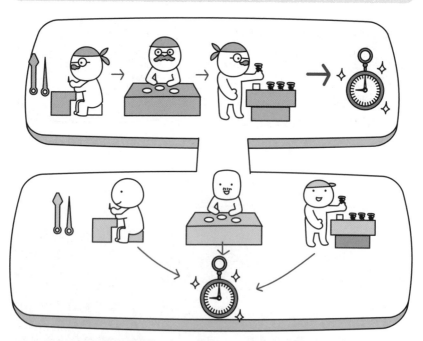

工匠的手工作業需花時間一個一個進行，但分工就能謀得更高的效率。同時還不需要雇用所有工作都會的熟練勞工。

在工業革命爆發，世人引進機器後，工廠手工業開始轉型成「**機器大工業**」。這麼一來，擁有遠超手工作業能力與速度的機器將使生產力更加高漲。雖說引進機器的經費高昂，但考量到生產性和使用年限的話，這種方式還是帶來很大的利潤。**透過可以大量生產的機器，大幅縮減整體生產量的經費，增加剩餘價值。**

轉型機器大工業，再次提高生產率

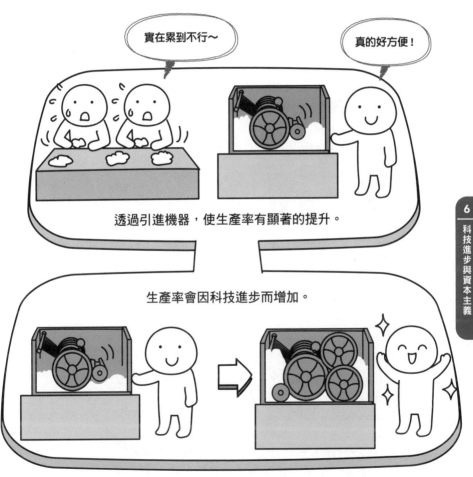

透過引進機器，使生產率有顯著的提升。

生產率會因科技進步而增加。

05 機器不為人而是為資本而用

機器設備看似「讓人類的工作更輕鬆」，但在資本的領域，這一面卻未必真實。

人們多半認為機器的使用是為了讓人的工作更輕鬆，但正確來說其實不然。要引進機器，還是採用人力的判斷，資本是以「使用機器跟人類，何者更有利」來當判斷標準。比如說，就算是一項危險的工作，但如果用人類勞工的**成本更低**，那資本就不會去選擇機器。馬克思對此頗為憤慨，他認為人應以這樣的想法為恥。

機器未必令人的工作更輕鬆

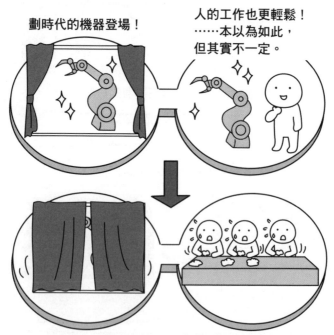

劃時代的機器登場！

人的工作也更輕鬆！
……本以為如此，
但其實不一定。

實際上，要是人事費成本更低，資本家就會
毫不遲疑地奴役人類，而非機器。

舉個例子，以前日本企業進軍中國時，由於中國人事費用低廉，因此多數企業都未曾引進機器。另外，在羊毛工業發展機械化的時代，比起機器跟馬匹，資本家還是選擇聘用更廉價的女性或兒童。綜上所述，**資本並不是為了保護人類、讓人的工作變輕鬆而引進機器**。

選用成本更低的生產方式

哇，是機器～

安靜……

快用用我啊……

過去機器在羊毛工業登場時，由於聘僱女性和兒童的成本曾比使用機器還低，因此當時人們不怎麼使用機器。

06 機械化令勞動更不人道

由於引進生產效率高的機器，人也被迫勞動……即使法律限制了勞動時間，其勞動密度也會提升。

機器跟人不一樣，它可以一年365天，一天24小時不眠不休地工作。這樣一來，就會讓資本家產生「既然有這些昂貴又生產率高的機器，那就盡量使它長時間運轉，讓管理它的人也一起工作」的想法。說是這麼說，但法律有規定勞動時間，勞工受其保護。只不過實際上，**這導致勞工的勞動密度增加**。

資本家想盡量役使工人工作

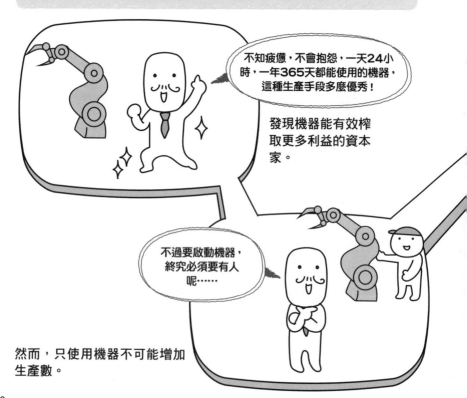

不知疲憊，不會抱怨，一天24小時，一年365天都能使用的機器，這種生產手段多麼優秀！

發現機器能有效榨取更多利益的資本家。

不過要啟動機器，終究必須要有人呢……

然而，只使用機器不可能增加生產數。

資本的目標是提升機器速度，這麼一來也擴大了負責監控機器的勞工的工作範圍和任務量。在有限的時間內，勞工被迫做更多的工作。資本家進而透過縮減操作機器所需人數，來剝削更多的剩餘價值。可以說，人類勞動力已然被迫成為**機械的附屬**。

機器反倒增加工人的勞動密度

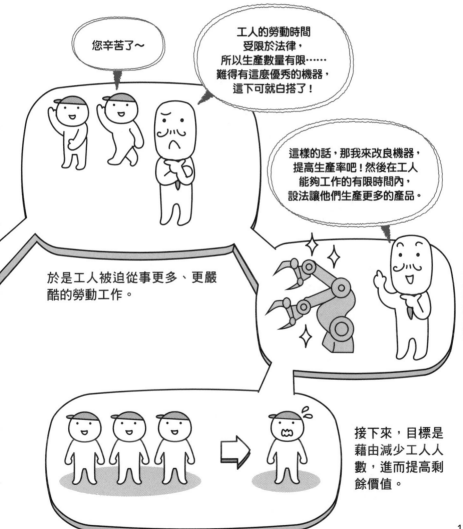

您辛苦了～

工人的勞動時間受限於法律，所以生產數量有限……難得有這麼優秀的機器，這下可就白搭了！

這樣的話，那我來改良機器，提高生產率！然後在工人能夠工作的有限時間內，設法讓他們生產更多的產品。

於是工人被迫從事更多、更嚴酷的勞動工作。

接下來，目標是藉由減少工人人數，進而提高剩餘價值。

07 機械化促使女性和孩童從事勞動工作

因為有機器,女性跟小孩也能開始工作,於是勞動人口增加,同時也降低了薪資。

在生產過程中使用機器,使得那些肌力不足的人也能執行原本只有強壯有力的人才能做的工作。這件事本身看起來是個巨大的優勢。然而事實上,這項優勢卻可能成為全體勞工的劣勢。因為這代表不強壯的人,也就是女性或兒童可以進入勞動市場。

女性和孩童也能工作

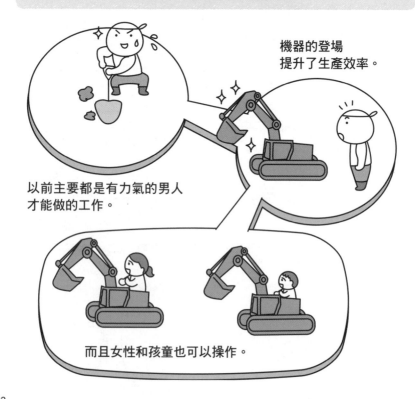

機器的登場提升了生產效率。

以前主要都是有力氣的男人才能做的工作。

而且女性和孩童也可以操作。

一旦女性和兒童成為工人，勞動人口就會一口氣暴增。如此一來，勞動薪資便會下降。馬克思時代的生產現場不像現代，那裡並不是一個有考慮到安全性的工作場域。也因此，馬克思才解釋說「機器一開始就是為了**擴大剝削**而使用的」。

薪水因勞動人口增加而下調

至今為止只有男性才能做的工作，由於女性與孩童的加入，導致勞動人口的統計母數增加，勞動工資也開始降低。

機器減低勞動價值，進入全家動員外出打拚的時代

成年男子的勞動力價值因機器而降低……這漸漸消除養家餬口的薪水只由父親支付的必要性。

機器的出現帶來**生產力的擴大與勞動力價值的低廉**。後者歸因於女性和兒童參與工作，使成年男子的勞動力價值下降。此事對傳統家庭「男主外、女主內」的形態帶來變化。由於機器的出現，資本不再需要向身為父親的勞工支付撫養家人的工資。

機器的崛起也改變了家庭的現狀

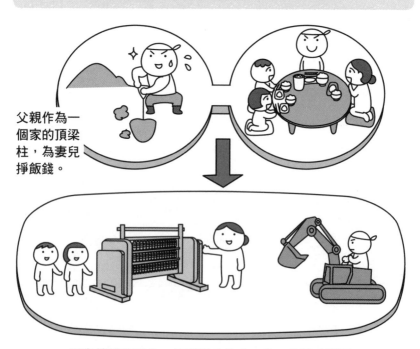

父親作為一個家的頂梁柱，為妻兒掙飯錢。

因為機器的進化，使妻兒也能去工作。此舉改變了一個家庭原有的形態。

從前，勞動力的價值由維持「家庭」生存所需的必要薪資來決定。但如果不是只有父親出外工作，而是包括女性和孩童在內的所有家人都要工作，那工資就會變得只夠滿足一個人的生活水準。換言之，可說**機器降低了勞動力的價值，其數額則是以維持「個體」生活所需的必要薪資而定。**

勞動力的單價將大幅改變……

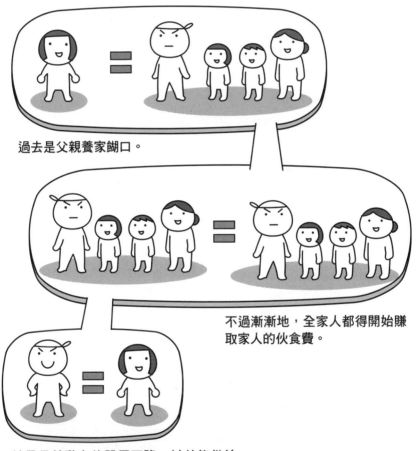

過去是父親養家餬口。

不過漸漸地，全家人都得開始賺取家人的伙食費。

結果是勞動力的單價下降，以前能供給全家的勞動報酬降低成個別家人的單份工資，形成一種小孩不工作就養不起他的狀態。

09 機器削弱勞工的地位

機器的引進代表勞動力的縮減，勞工的工作被機器搶走，對資本家而言，機器是拒絕勞工要求的一種武器。

機器的引進不一定是為了減輕人類工作上的操勞。如前所述，機器最多只是資本用來壓低生產成本的一種手段。同時，也有人**將機器當成鎮壓罷工的手段**。機械從未希望改善待遇，所以資本家隨時可以威脅要解僱那些勞工。

機器成為鎮壓罷工的武器

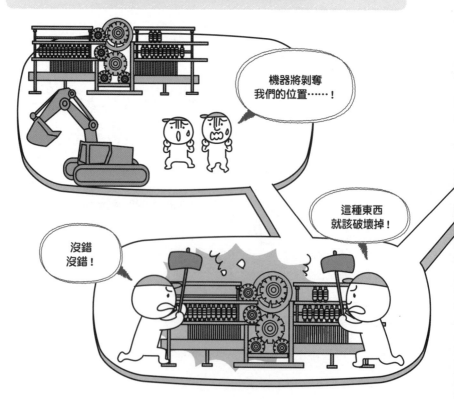

儘管機器隱含免除勞工辛勞和危險的可能性，但**只要它被資本主義所利用，便會加強資本家對勞工的支配，使剝削的力量更為強橫**。針對這一點，馬克思呼籲民眾留意：**即使勞工發起罷工等反抗動作，也有可能反而促進機器的進化**。

無根的勞工只能任由資本家擺佈

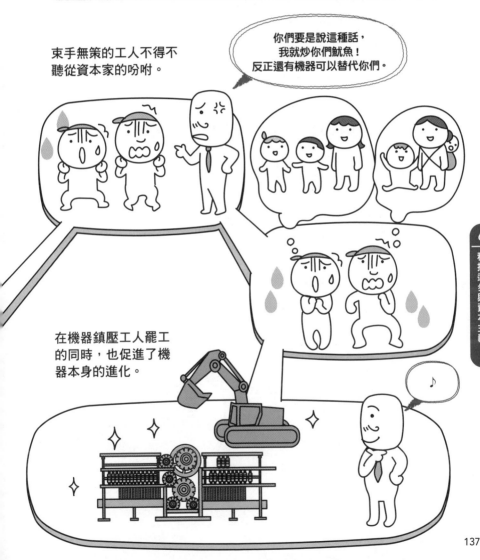

束手無策的工人不得不聽從資本家的吩咐。

你們要是說這種話，我就炒你們魷魚！反正還有機器可以替代你們。

在機器鎮壓工人罷工的同時，也促進了機器本身的進化。

10

被機器搶走工作的勞工
長期處於貧困之下

從19世紀到今天，許多人類的工作都被機器所奪走，未來AI
人工智慧的發展想必也將搶奪更多的工作。

馬克思把**資本有機構成**區分成兩種。**勞動是「可變資本」**，因為它會形成價值
且改變價值的大小；然後**價值不會改變的機器或材料則屬於「不變資本」**。資
本家在可變資本中會試圖藉由延長勞動時間與協作來獲得更多的剩餘價值，在
不變資本中則是透過節約以取得剩餘價值。

濫用可變資本，節省不變資本

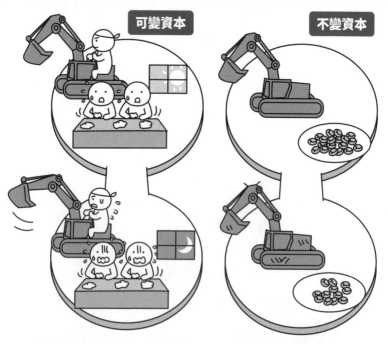

以大量勞動增加可變資本。　　　節約利用不變資本。

假如以擴增生產力為目標發展機械化，很快地就不需聘僱人類了。在所有資本之中，提高不變資本的比例，減低可變資本的占比，這種做法稱為「資本有機構成的改良」。即使是在19世紀，**人類的工作也不斷被機器搶走**。在1810年代的英國，勞工曾被逼入絕境，甚至爆發工人破壞機器的「盧德運動」。

人類對於工作被機器奪走的恐懼

盧德運動

在19世紀初的工業革命時期，英國紡織、編織工業地區的手工業工匠因機器的出現而失業，人們擔憂害怕自己的職業被機器搶走，發起名為「盧德運動」的搗毀機器運動。

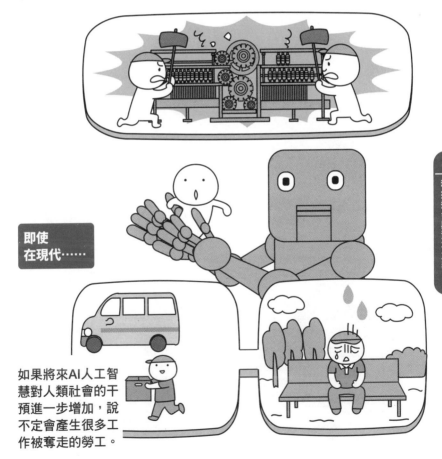

即使在現代……

如果將來AI人工智慧對人類社會的干預進一步增加，說不定會產生很多工作被奪走的勞工。

11 科技發展將造成勞動人口縮減

投入勞動的資本隨著生產手段的進步而減少。以更少的勞工生產商品正是資本主義所追求的道路。

只要機器設備的進步提高生產效率，就能用更少的勞工投入生產。資本雖然會分別投資生產手段和勞動力這兩大項目，但其比例也會因應情況而調整。馬克思解釋，「一開始是投資生產手段與勞動力各五成的資金，但隨著生產效率的提升，將逐漸改為八成生產手段，兩成勞動力的分配」（資本有機構成的改良）。

投資項目的比例會不斷變化

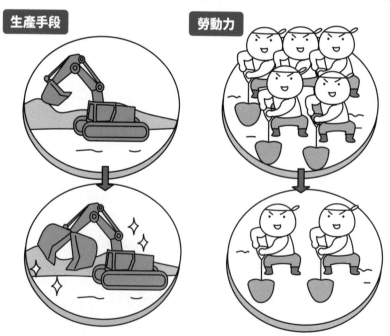

生產手段　　　　**勞動力**

資本會努力充實生產手段，並削減勞動力。

以最近所謂的資訊科技化（IT化）來說，新興產業的蓬勃發展自然造就了新的就業機會，然而跟舊有產業比起來，資訊科技公司的員工數量可說是九牛一毛。今後，所有行業都會呈現同樣的趨勢。**資本主義的發展代表負責生產的人類更加稀少。電腦和AI**的進步使這種趨勢更為顯著，與此同時，也可以說這是資本主義式生產的目標之路。

AI人工智慧也會改變未來的勞動

即使在今天，也常常說未來的工作場域會因近期AI人工智慧的發達而大幅改變。

勞動力減少，想必將使勞工的職位競爭更加激烈。

12

失業人口愈多，資本家就愈開心

相對過剩人口（產業後備軍）會隨勞動生產率的提升而增加，其總共可分成三種。

對資本家來說，失業人口愈多他們就愈高興，畢竟**產業後備軍**的存在會阻礙薪水的調漲。所謂的產業後備軍，指的是處於失業或者半失業狀態，正在等待就業機會的勞工。他們的存在導致勞工的勞動條件降低，並身具調節景氣循環的作用。

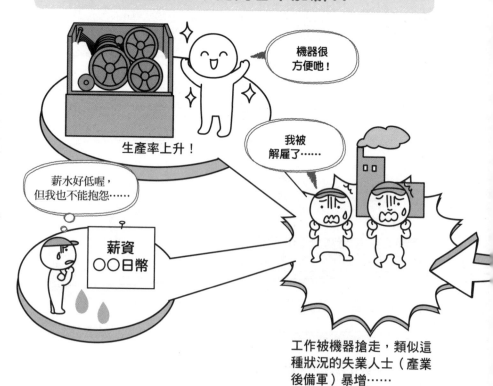

就算生產率提高也不加薪!?

機器很方便吔！

生產率上升！

我被解雇了……

薪水好低喔，但我也不能抱怨……

薪資〇〇日幣

工作被機器搶走，類似這種狀況的失業人士（產業後備軍）暴增……

產業後備軍指的不是因人口增長而絕對增加的勞動人口，而是因勞動生產率提升而相對增加的勞動人口，亦可稱之為相對過剩人口。其可分成三種類型，即指稱未成年勞工的「流動的過剩人口」、農村裡等待被都市吸收的「潛在的流動人口」，以及沒有固定職業，可接受低薪工作的「停滯的流動人口」。

三種相對過剩人口（產業後備軍）

流動的過剩人口（未成年）

潛在的過剩人口
（等待被都市吸收
的農民）

停滯的過剩人口
（職業不穩定且低
薪的勞工）

在經濟不景氣時
慢性增加。

在經濟大蕭條時急
性增加。

分為三種的相對過剩人口
（產業後備軍），在經濟不
景氣和大蕭條時都會有所增
加。

13

罪不在於機器本身，而是在於資本家的運用方式

雖然也可以說是機器支配了勞工，但馬克思認為有罪的不是機器本身，而是運用機器的資本。

被機器支配的勞工因機器的發明與普及增加，這是事實。但是馬克思並不覺得機器本身是罪惡的。機器設備本身是能夠使勞工免除辛勞和危險的東西。也就是說，機器不是問題，資本家那種**資本主義式利用科技的方式**才是問題——馬克思這般解釋。

機器並沒有罪

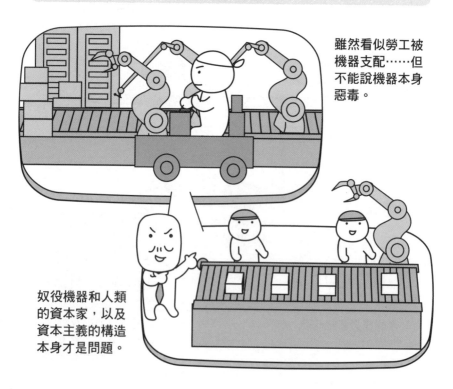

雖然看似勞工被機器支配……但不能說機器本身惡毒。

奴役機器和人類的資本家，以及資本主義的構造本身才是問題。

馬克思曾以19世紀小說家狄更斯作品《孤雛淚》裡出現之斬首殺人犯比爾的台詞為例：「不是用刀砍頭就是刀不好。菜刀對餐桌有用，手術刀對外科手術有用」。就算把這種主張中的刀換成機器，應該也是同樣的道理。

是利是弊，端看如何使用

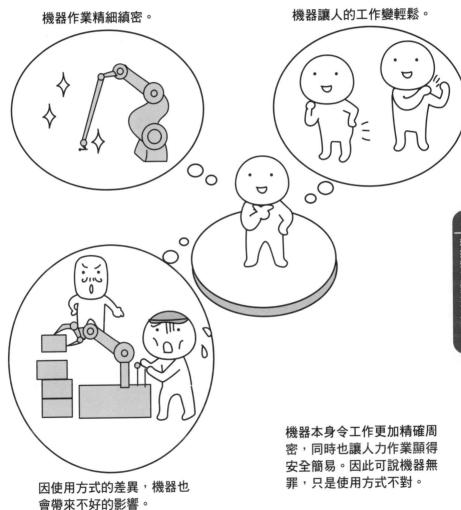

機器作業精細縝密。

機器讓人的工作變輕鬆。

因使用方式的差異，機器也會帶來不好的影響。

機器本身令工作更加精確周密，同時也讓人力作業顯得安全簡易。因此可說機器無罪，只是使用方式不對。

馬克思小傳

因頻繁往返圖書館研究經濟學而開始撰寫《資本論》

　　不斷被歐洲各國驅逐出境的馬克思，後來接受恩格斯的邀請，流亡到英國倫敦。當時恩格斯決定在自己父親的公司從事經營事業，而馬克思對經濟學的正式研究便由此開始。

　　馬克思每天往返大英圖書館，一天8小時，長時間閱讀大量書籍，並持續不輟地做筆記。一直過著這種生活的馬克思生活極為貧困，不過多虧有恩格斯的資助，他的這項研究才總算得以成形。

　　作為其研究成果出版的，便是《政治經濟學批判》這本書，此書與《資本論》、《共產黨宣言》並稱馬克思三大著作。

　　對馬克思而言，經濟學是一個愈研究就愈會出現嶄新課題的領域。《政治經濟學批判》最初預定總共六冊，但他突然將第二卷以後的內容納入《資本論》，全系列改由四冊組成。就這樣，馬克思正式開始寫作《資本論》。

☑ KEY WORD
相對剩餘價值

增加剩餘價值的方法之一。意指藉由縮減必要勞動時間所獲得的剩餘價值，是一種強調在有限時間內提高生產力以增加剩餘價值範疇的手段。

☑ KEY WORD
剝削的擴大

在商品生產中運用機器，雖然一方面有增加生產力的優點，但另一方面也有能讓力氣不大的女性和小孩成為工人的缺點。這意味著勞動人口增加而薪資減少。

☑ KEY WORD
資本有機構成

馬克思將資本分為兩種，一種是勞動這種會形成價值且改變價值的大小的可變資本，另一種則是價值不會改變的機器或材料等不變資本。機械化使不變資本的比例增加，資本有機構成有所改良。

☑ KEY WORD
產業後備軍

這個詞彙是指處於失業或半失業狀態，正在等待就業機會的勞工。這些是伴隨勞動生產率提升而相對增加的勞動人口，並非因人口增長而增加。

資本主義社會的
不合理結構

資本主義社會並不完美，
讓我來告訴你它的缺陷吧！

隨著時代的變遷，資本主義社會中的資本家與勞工之間的關係一
點一點地發生變化。為了創造資本的價值，勞工發生了什麼樣的
變化？而這種變化又誕生出怎樣的價值感？本章將對此一一說
明。

01 任何人都會被捲入資本主義裡

那些一開始只在形式上參與資本主義社會的人，會在實質上逐漸被納入其體制之中。

首先，勞動在形式上受資本吸納。勞工被資本家召集到工廠，遵循資本家的指示使用他們的勞動力，但資本家卻未曾對工作方法的細節有所指點。馬克思稱之為「**形式吸納**」。同時，生產設備機械化，人力勞動成為機器的一部分，資本把直到商品完成為止的整個勞動過程完整塑造出來的狀態，馬克思則以「**實質吸納**」的概念來描述。

什麼是形式吸納？

那麼，**當從形式上開始的吸納轉變成實質吸納時，會發展到什麼程度呢？**起初，勞工只是消極服從資本家的指示，但隨著時間的流逝，勞工階級的人們開始與資本家協調合作，主動參與剩餘價值的生產。最終勞工甚至積極與壓榨自己的對象達成合作，這就是「實質吸納」之所以名為「實質」的原因。

什麼是實質吸納？

漸漸地，勞工自己也開始積極投入價值的增殖。

02 大量勞工開始攜手協作

資本家在資本主義社會建造大型工廠之類的設施，使大量的人在同一個地方工作。

進入資本主義社會後，人們的工作方式發生了很大的變化。最大的變化是把一大堆人聚集在一個地方工作。在資本主義社會，大型工廠被建立起來，很多人來到這裡工作。多數人在一個地方工作的第一個優點是節約，使用一樣的道具或材料可以節省浪費。第二個優點則是**協作**。

資本主義大幅改變工作方式

在資本主義以前的社會，只有幾名工匠在領頭師傅的手下工作，進行小規模商品製造。

而在資本主義社會，則是變成大量的人匯集在大型工廠裡工作。人人使用同樣的工具可以節約成本。

馬克思把「大量勞工在同一個生產過程，或是相關的幾個生產過程中，有計畫地以合作的方式工作」稱為協作。在工廠製造產品的工作就是協作的典型例子。透過協作強化勞工們的能力，其程度超越了單純的加法運算。**與同伴一起工作，彼此之間可以互相合作，刺激競爭心，發揮出比單獨工作更大的力量。**

人們以協作發揮力量

大量人員在同一個生產過程，或是相關的幾個
生產過程中工作的勞動形態叫作「協作」。

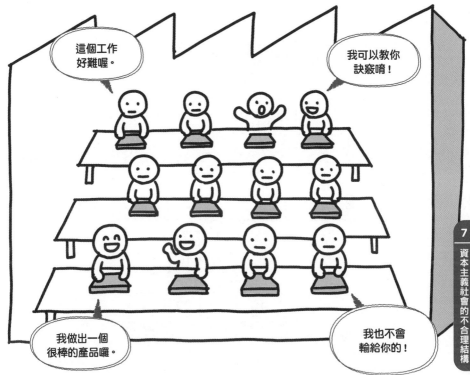

生產力藉由工作者的互相合作、競爭而提升。這就是協作的好處。

在協作中獲利的不是勞工，是資本家

雖然協作能夠提高勞工的生產效率，但能從協作中得到好處的不是勞工，而是資本家。

正如第152～153頁所說明，勞工可藉由協作發揮巨大的力量。就算工廠有很好的設備，也無法光憑設備就提高生產率。唯有人們齊心協力，互相幫助、互相刺激，才有辦法增加生產效率。馬克思也注意到這些人的**團結力**。他認為當10個人協作時，這種團結力將使他們發揮出10人以上的力量。

能發揮超越總人數的力量

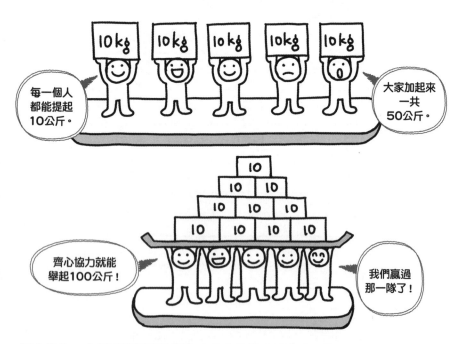

經由協作，人們可發揮出比所有人的力量總和更大的力量。

儘管協作很優秀，不過其成果卻往往被資本家搶走。只要藉由勞工協作提高生產效率，資本家的收益就會增加。**即使收益增加，企業支付給勞工的薪資金額也和以前一模一樣，因此是資本家獲得更大的利益。**這些利益也是相對剩餘價值的一種。

協作帶來的利益屬於資本家

即便透過協作提高了工作效率，企業支付給勞工的工資金額也不會改變。取得協作利益的不是勞工，是資本家。

04 資本家以協作取得莫大的剩餘價值

要獲得協作所產生的剩餘價值有好幾種方法，但無論哪種方法都對勞工沒好處。

透過眾多勞工齊心合力的協作，勞工們得以發揮出超過百分之百的力量。如果100名勞工協作，就有可能創造出120或150人份的成果。然而，勞工領取的薪水卻無法與這種**集體勞動力的價值**相符。勞工雖向企業出售自己的勞動力，但企業購買的不是集體的勞動力，而是個別的勞動力。

企業只為個人勞動力支付等價報酬

勞工將勞動力賣給資本家，資本家買下這個商品。因為勞工能賣的只有自己的勞動力，所以透過協作增加的力量不會反映在工資上。

企業不按成果支付薪資，藉此獲取剩餘價值。企業獲得剩餘價值的方法有「延長勞動時間」與「縮短必要勞動時間（工資規定的勞動時間）」等等，不管哪一種方法，好處都不在勞工身上，受益的是企業一方。**可以說，能藉由協作得到大量利益的只有資本家**。

資本家透過協作獲利

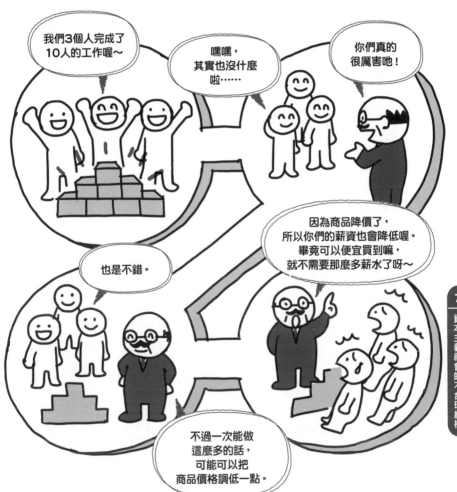

7

資本主義社會的不合理結構

一旦簡單操作增加
勞動力價值就會下降

在資本主義社會上，勞動分工增加，工作操作變得更加單純。因為是誰都能做的工作，所以薪水會縮水。

資本主義社會將眾人聚集在一起工作後，將進一步進行分工。同時也因為會使用機器等設備，所以簡單的操作就增加了。還有，由於操作手冊或標準作業步驟（高效工作方法）的提供，因此就算是第一次動手的人同樣能毫無問題地處理好──這類的工作有增加的傾向。馬克思指出，換句話說，這種趨勢是**技術工種的瓦解**，會使勞動力價值下降。

隨著分工的推廣，技術工種被瓦解

如果演變成多人作業，進行分工後，工作就會變簡單。只要看著操作手冊，任何人都能進行這項工作。

資本主義社會生產模式所帶來的簡單操作誰都能做，所以不需要像以前的工匠那樣老練的工人。資本希望透過生產步驟的細化和機械化，將薪資高的老手換成薪資低的新人。**如果工作效率提高，單純操作增加的話，支付給這份工作的薪水就會降低**。

高薪的技術工種將失去工作

簡單操作不需要熟練的技術，因此薪水高的技術工種會被排除在職場之外，取而代之的是沒有技術的低薪勞工。

06 即使累積資本也無法改善勞工生活

如果這個社會變成以資本的利益為優先，那就算企業再怎麼賺錢，勞工也無法富裕起來。到底為什麼貧富差距會愈來愈大呢？

只要企業成功盈利、變得富足，在那裡工作的勞工也會富有起來。會這樣想是很正常的。只不過，在許多資本主義社會的國家中，富人和窮人之間的**貧富差距擴大**並無法避免。馬克思也指出，資本一旦積累起來，勞工的狀態就會惡化。為什麼資本家明明愈來愈富裕，旗下工作的勞工卻愈來愈貧窮呢？

為什麼會產生貧富差距？

富裕階級與貧困階級的差距擴大，發展成階級固化的兩極化社會。其原因如下：

☑ 階級

資本主義社會將階級一分為二，一個是擁有生產手段的資本家階級，另一個則是毫無生產手段，只能售賣自身勞動力的勞工階級。前者剝削後者生產的剩餘價值，這就導致階級差距的產生。

☑ 新自由主義化

1980年代以降，先進資本主義國家引進了新自由主義政策，解除針對資本的活動限制（制約）。結果造成歐美和日本的貧富差距都有所擴大。

☑ 僱傭模式不穩定化

保護勞工的法令和習俗伴隨新自由主義化而被廢除，勞工的僱傭模式變得不穩定，薪資也變得更低。

☑ 金融資本主義化

隨著新自由主義化與全球化的發展，權力愈發集中在金融資本上。有一小部分的人利用脫離實體經濟的金錢遊戲賺錢，另一方面，中產勞工階級則是開始沒落。

一旦全球化發展起來，生產基地的外流與遷移勞動力的利用也在增加。這兩者都是受資本追求「廉價勞動力」的慾望驅使而產生的潮流。勞工**被迫與這些即使勞動條件惡劣也願意上工的勞工競爭**，因此資本家感覺「薪水低也有一堆勞工搶著要」，就不會提高工資。

老闆不加薪的原因是什麼？

因為國外也有人會在惡劣條件下工作，所以現在被雇用的勞工就不會調漲薪資。

07 勞工等於是自己勒緊自己的脖子

就算順應勞工的要求提高薪資，資本家與勞工的關係也不會改變，勞工會一直遭受資本家的束縛。

在經濟不景氣導致失業人口增加的情況下，即使勞工提加薪也很難真的調薪；但若失業人口因景氣好而減少，造成人手不足時，資本家招不到員工，就不得不提高工資。那麼在薪資調漲的時候，資本家和勞工的關係有改變嗎？在薪水小幅增長時，資本家與勞工的關係並未出現任何變化。

勞動力短缺使薪資上漲

一旦經濟不景氣，招聘人數就會減少，同時降低勞工薪資；景氣好，工作機會就會增加，企業出現人手不足的情況。為了搶到人力，資本家將調漲薪資。

資本主義的基本構造是勞工愈努力工作，就愈受資本所支配。勞工的工作累積更多的資本，同時也支配了勞工自己。**就算薪資調升，勞工身為資本家增加資本的道具一事也不會有任何改變。換言之，在資本主義社會下，永遠存在被資本追趕的勞工。**

資本家跟勞工的關係不會改變

儘管薪水上漲，勞工的立場也還是資本家為增加資本而利用的對象，這點不會改變。反而勞工工作得愈努力，資本的權力就愈強大。

08 勞工彼此競爭，相互扼殺

按照工作量支付薪資的論件計酬固然有其優點，不過也伴隨著薪資水準下降的危險。

勞工領取的薪水除了計時工資（時薪）以外，還有一種是**論件計酬**，也就是俗稱的佣金，這種方式會因應工作量給付薪資，例如「這些工作完成後，就支付這樣的金額」。人們廣而宣之的論件計酬優點在於「刺激勞工競爭心」、「推動勞工自由的工作方式」以及「提升勞工獨立性」。

薪水有計時工資和論件計酬兩種

相對於「勞動時間每小時支付○○日幣」的計時工資，論件計酬以類似「製作一個商品支付○○日幣」的方式，因應工作量來給付薪水。

馬克思雖然承認論件計酬的優點，卻也同時指出其可能降低工資水準的危險性。假設在勞工之間的競爭中，有一名勞工在4個小時內完成了至今為止都要耗費6小時製作的產品。不過如果這種製作速度成為新的標準，那麼勞工不僅不會因生產的產品數量增加而提升工資，恐怕還會讓資本家調降每件產品的論件計酬。

亦有降低薪資水準的危險

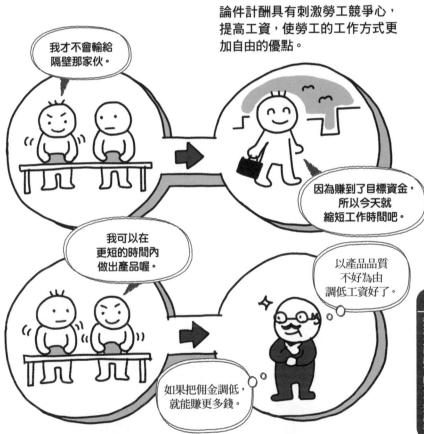

論件計酬具有刺激勞工競爭心，提高工資，使勞工的工作方式更加自由的優點。

我才不會輸給隔壁那家伙。

因為賺到了目標資金，所以今天就縮短工作時間吧。

我可以在更短的時間內做出產品喔。

以產品品質不好為由調低工資好了。

如果把佣金調低，就能賺更多錢。

論件計酬促使勞工之間的競爭加劇，將勞工捲入提高生產力的競爭裡。馬克思指出，論件計酬是最適合資本主義的方式。換句話說，這種支付薪資的形式對資本家也有好處。

09

思想因被資本主義侵蝕而成為資本家的代言人

資本主義社會盡是對資本家有利的事，其中最為誇張的是資產階級意識形態。

資產階級是指稱有產階級的一個詞彙，簡單來說就是資本家。其反義則有代表工人和無產階級的勞動階級。**儘管資本家擁有的財產可能會像滾雪球一樣增加，但勞工的薪資卻不會這樣增長。** 既然能嘗到甜頭的是少數資本家，那為什麼資本主義社會還能維持下去呢？

充當資本家代言人的勞工

你們一直很努力呢。

對啊！

這個月的工資，來領吧。

感激不盡！

雖然這些只是零頭而已啦。

對於那些一出生就在資本主義社會中長大的勞工來說，這種資本家的支配已是天經地義。隨著資本主義體制的鞏固，勞工對社會的觀點也受到那些對資本家有利的思想，也就是**資產階級意識形態**的影響，甚至連被壓榨的勞工也成了資本家的代言人。

column

馬克思小傳

No. ⑦

耗費時光嘔心瀝血地寫出《資本論》

　　馬克思由於每日的研究過著貧困生活，同時在經濟學上的研究又遲遲沒有進展，因此在精神上飽受折磨。這導致他的《資本論》出版被大幅推遲。《資本論》第一卷好不容易完成手稿謄寫時，是在《資本論》的前身《政治經濟學批判》發行七年之後。

　　恩格斯作為馬克思的摯友，一直為馬克思的研究提供資金支援。儘管他不知有多信任他的這名夥伴，不過似乎也曾忍不住向馬克思逼問原稿的狀況。

　　《資本論》開始謄清手稿後，隔了一年馬克思終於出版了《資本論》第一卷。其成果斐然，就連長年資助馬克思，有時還會質疑他寫作速度太慢的恩格斯也心折首肯。

　　其後，馬克思著手寫作第二卷。然而在1833年寫作途中，他於第二卷臨近完成之際去世了。據說他直到臨終前都還坐在椅子上筆耕不輟。

☑KEY WORD
形式吸納

這個詞指的是勞工被資本家召集到工廠，單純聽從資本家的指示使用勞動力的工作方式。這種工作方式的細節未曾獲得指示，此狀況讓馬克思認定是一種形式上的東西。

☑KEY WORD
實質吸納

隨著時間的推移，至今為止消極服從資本家指示的勞動階級開始跟資本家合作，參與剩餘價值的生產。馬克思以實質兩字表達勞工主動與剝削自己的對象合作的樣貌。

☑KEY WORD
技術工種的瓦解

只要有很多人聚在一起工作，就會進行分工。另外，由於是使用機械等工具生產，造成單純的工作增加，而且效率高的工作法也以操作手冊的方式提供，所以即使是初次從事工作的人也能輕鬆完成工作內容。

☑KEY WORD
貧困化理論

馬克思在資本論中主張的其中一項理論。這項理論說明，資本隨著資本主義的發展不斷積累利潤，但與此同時，勞工階級的勞動條件、生活水準和環境卻都在持續降低與惡化。

Chapter

8

資本主義的未來
是革命

你想知道
資本主義社會的將來嗎？
我認為它會改變形象。

從小資本起步的資本主義社會，曾經透過資本家之間的競爭多次進行收購及合併。類似這樣，徐徐增長的資本分散形成資本主義社會，其不僅存在於一個國家，還擴張到整個世界。本章將會考察資本主義的未來。

01 資本主義的起源與暴力

不斷累積巨額財富的資本主義。一旦揭開其序幕，就會看到慘痛的「暴力」景象。

今日的資本主義經濟是將大量的金錢和大量的勞動力集中在一起，大量地生產商品，在市場上大量地銷售，最後資本家藉此獲得大量的利潤而建立起來的。這種資本不斷積累的過程叫作「資本積累」。這樣的經濟體系究竟是如何產生的呢？馬克思曾把創造近代資本主義的最初的資本積累命名為「**原始積累**」。

14世紀的英國

14世紀英國的農民從奴隸狀態中擺脫出來，成為了自耕農。

原始積累的契機是圈地運動。圈地運動是指為了生產羊毛織物原料，將農地轉換為牧羊地，將農民從土地上暴力驅逐的過程。很多農民失去了生產手段，資本家可以雇用他們工作。也就是說，暴力正是資本主義的起源。

16世紀圈地運動興起

農民被暴力驅逐出農田，流入城市成為工人。

02 被驅逐的人們

對於大量流入城市的原農民，國家鞭打他們，將他們扶植為「工人階級」。

16世紀由於英國的「圈地運動」，從土地中被抽離出來的原農民因此大量流入城市。他們正是作為「雙重自由」的存在，成為了最初的勞工。以大量工廠勞工的存在為前提的產業資本主義，如果沒有從土地上被趕出來的人們之存在，是不可能開始的。

農民離開耕地來到城市

失去農地的自耕農沒落，成為乞丐和盜賊。

人和土地開始分離，不過原本的農民要適應工廠的勞動並不是一件容易的事情，也出現了因失去工作而成為流浪漢的人。國家用鞭子抽打沒有找到工作的人，並給他們打上烙印，然後處刑，**透過這種「血腥立法」將他們打造成一名勞工**。此外，國家還制定了工資的最高限制，剝奪了勞工的團結權，為資本家撐腰。

英國國王進行的「血腥立法」

國家鞭打農民，讓他們成為勞工。

失去土地的農民受到嚴厲的管制，有的被鞭打，有的被割耳朵。依情況不同，也有被判處死刑的。

03 資本間的競爭與資本集中

在一家大型企業的背後，隱藏著眾多倒閉的企業，少數資本家的壟斷不斷加劇。

隨著資本主義的建立和發展，①多數人的小財產變成少數人的大財產；②被剝奪小財產的人變成多數勞工。這種傾向同樣適用於資本家。馬克思曾說「**終究是一個資本家毀滅眾多資本家**」，迄今為止，無數的資本家和企業誕生後，都在競爭中失敗而銷聲匿跡。

資本主義的成立須有：

①多數人的小財產變成少數人的大財產。

②被剝奪了微小財產的人們，變成眾多的勞工。

最初有很多家企業，在生存競爭中不斷吸收、合併或破產，最終只有一家大型企業倖存下來。如果沒有任何約束資本間競爭的東西，甚至連全球市場也會發生同樣的事情。也就是說，資本間競爭和資本集中是資本主義社會的宿命，這一過程被稱為**獨占資本**的形成。馬克思在一百多年前就預料到壟斷巨頭的出現。

全球壟斷企業

企業也會不斷地吸收、合併或破產，最終只剩下一家大型企業。

在生存競爭中
倖存下來了！

終究是一個
資本家毀滅
眾多資本家。

資本家

資本家

勞工

04 資本的世界大擴張

馬克思預見資本主義體制將向世界各國擴張。

資本的增殖運動本身沒有約束自己的東西。因此,資本主義越過國境,試圖解除所有的限制來進行擴張。也就是說,如果放任資本主義的發展,無國界經濟和**全球化**等現象就一定會出現,這一點馬克思早就看透了。

預見全球化的馬克思

全球化的直接由來，是以**蘇聯為首的東方社會主義各國體制的崩潰和中國進入世界市場**。這是由於社會主義的政治經濟體制陷入僵局，同時也是世界資本主義為了獲得新的資本積累空間而生存下去。

中國和俄羅斯有新的資本積累空間

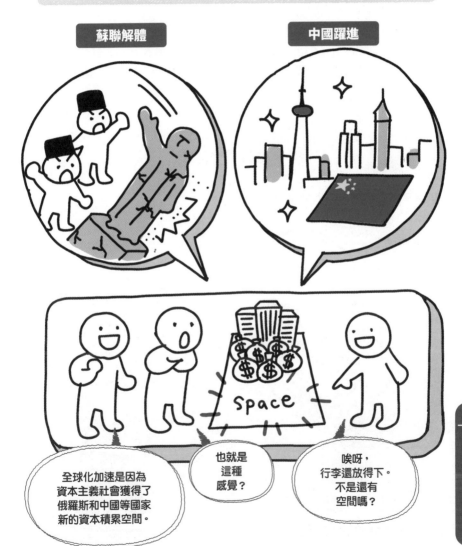

蘇聯解體

中國躍進

全球化加速是因為資本主義社會獲得了俄羅斯和中國等國家新的資本積累空間。

也就是這種感覺？

唉呀，行李還放得下。不是還有空間嗎？

8
資本主義的未來

05 資本主義的危機

馬克思認為，在資本主義社會，恐慌是不可避免的現象。

馬克思認為**恐慌**是資本主義內在的根本矛盾，與資本主義的崩潰有關。不過隨著對週期性恐慌原理的考察，他認為恐慌是資本主義進入下一個發展階段的步驟，而且是週期性的。他還說一旦發生恐慌，勞工就會陷入痛苦，而資本則會以這些痛苦為食，變得愈來愈肥。

恐慌會反覆發生

恐慌是經濟循環中週期性發生的短暫現象。

馬克思認為恐慌的根本原因，是資本家為了增加利潤而讓勞工以低工資工作。
也就是說，即使資本家發展生產力，生產出大量的商品，勞工也只能以微薄的工資勞動，因此消費停滯不前，從而引發恐慌。換言之，恐慌是由於生產過剩或消費過少而產生的。

恐慌的原因是資本家的錯嗎？

經濟狀況惡化的恐慌到來了。

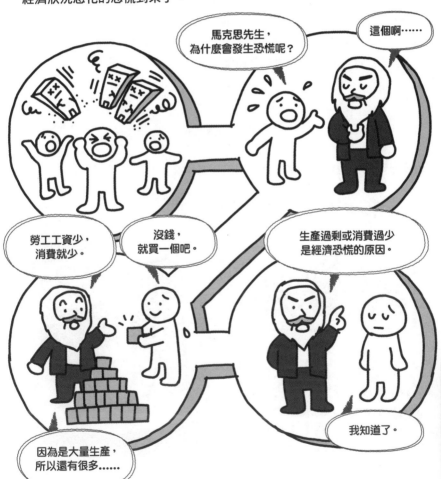

8
資本主義的未來

06
敲響宣告
資本主義末日的鐘聲

馬克思認為，如果資本和勞工之間的差距愈來愈大，就會發生無產階級革命。

隨著資本主義的發展，企業走向巨大化、全球化，資本壟斷和寡頭壟斷現象不斷加劇。馬克思預言，在這種資本主義發展的終極狀況之後，革命將會到來。資本向少數資本家積累的同時，工人階級的貧困也在積累，貧富差距不斷擴大。但是，與此同時，大量的工人被組織起來，工人的反抗變得更加激烈。「敲響宣告資本主義私有制**終結的鐘聲**」。

資本積累

資本不斷向大型企業積累，貧富差距不斷增大。

公司很賺錢，
生活卻一點也不輕鬆。

結果，宣告資本主義私有終結的鐘聲敲響，**民眾站起來，從少數壟斷資本手中奪回財富，實現以勞工為中心的社會**。如果這個預言是正確的，那麼英國將最先爆發工人革命。然而，現實的歷史並非如此。儘管標榜社會主義的體制相繼崩潰，但資本主義的危機卻沒有改變。

資本主義的末日

為了停止資本家的剝削，勞工運動變得激烈起來。

馬克思小傳

column

No. ⑧

整理散落的筆記
使馬克思研究成形的
摯友恩格斯

現今的《資本論》共由三卷構成。但是，馬克思在第二卷的寫作過程中就去世了。那麼，到底是誰出版了未完成的第二卷和第三卷呢？

這是馬克思的摯友恩格斯根據馬克思留下的大量筆記整理出來的。第一卷發行於1867年，第二卷1885年，第三卷1894年。從《資本論》的發行年份可以看出，《資本論》之所以能夠形成流傳至今的三卷，是花費了相當長的時間的。

原因在於馬克思留下的許多筆記。馬克思不僅把重要的筆記寫在了所有的地方，就連他的摯友恩格斯也難以理解他的字跡，是「象形文字般的筆跡」。

恩格斯為解讀好友留下的筆記和筆記而苦戰了十年，終於出版了《資本論》的第二卷和第三卷。可以說，《資本論》是真正意義上的馬克思和恩格斯共同創作的。

☑ KEY WORD
原始積累

現在的資本主義經濟是把大量的金錢和大量的勞動力集中在一起，進行大量生產和大量銷售。由此形成了資本家獲取高額利潤的體系。指的是產生這種體系的最初的資本積累。

☑ KEY WORD
人與土地的分離

由於圈地運動，失去土地和生活手段的農民大量湧入城市。他們成為資本主義社會的第一批勞工。由此可見，資本主義始於暴力。

☑ KEY WORD
獨占資本

在自由競爭的過程中，很多企業也會不斷地吸收、合併，最終只剩下一家大型企業。馬克思認為這是資本主義社會不斷發展之後，最終一定會出現的產物。

☑ KEY WORD
全球化

資本主義社會的最終形態世界GDP、貿易額、金融資產急劇膨脹。支撐這一局面的，是資訊科技革命和金融革命的結合所產生的全球化。由此，世界分工體制發生了翻天覆地的變化。

卡爾・馬克思生平年表

西曆	年齡	事件
1818年	0歲	出生於德國／普魯士王國,是猶太律師父親亨利希與荷蘭出身的猶太教徒母親罕麗達的第三個孩子。
1824年	6歲	由於法律規定開除猶太人的公職身分,所以從猶太教改信基督新教。
1830年	12歲	就讀威廉中學。
1835年	17歲	就讀波恩大學。
1836年	18歲	與貴族出身的青梅竹馬燕妮・馮・威斯特華倫訂婚。從波恩大學轉學到柏林大學,學習法學、黑格爾哲學等知識。
1841年	23歲	向耶拿大學提交論文〈德謨克利特與伊比鳩魯自然哲學觀的差異〉,並取得哲學博士學位。
1842年	24歲	參與萊茵地區的《萊茵報》並成為編輯。
1843年	25歲	失去《萊茵報》主編一職。與未婚妻燕妮結婚,移居巴黎。
1844年	26歲	出版《德法年鑒》。馬克思認識了他的好夥伴恩格斯,兩人共同執筆《神聖家族》。
1845年	27歲	因過激言論而被逐出巴黎,全家搬到比利時首都布魯塞爾居住。
1847年	29歲	馬克思與恩格斯加入德國共產主義組織「正義者同盟」。後來該組織與「共產主義通訊委員會」合併,改名為「共產主義者同盟」,馬克思和恩格斯受同盟委託撰寫《共產黨宣言》。
1848年	30歲	出版《共產黨宣言》。因法國二月革命及德國三月革命的影響,往返於法國和德國之間。在德國創辦《新萊茵報》。
1849年	31歲	馬克思和恩格斯分別流亡倫敦。致力於組織「共產主義者同盟」。

西曆	年齡	事件
1850年	32歲	在大英博物館圖書館學習經濟學，同時專心寫作。
1851年 ～52年	33～34歲	與鎮壓「共產主義者同盟」的審判戰鬥，同盟解散。
1857年	39歲	作為最初的經濟學著作，完成《經濟學批判手稿》的草稿。
1859年	41歲	出版《政治經濟學批判》。
1861～ 63年	43～45歲	完成《政治經濟學批判》續作的手稿。
1864年	46歲	國際工人協會（工人階級的第一個國際性組織）成立，馬克思當選執行委員。起草「創立宣言」等文章。
1865年	47歲	於國際工人協會總委員會演講。
1867年	49歲	《資本論》第一卷初版發行。
1870年	52歲	普法戰爭爆發。
1871年	53歲	法國戰敗。巴黎公社（工人階級人民的革命政權）崛起，政府軍展開鎮壓。馬克思給予巴黎公社高度評價。出版《法蘭西內亂》。
1875年	57歲	德國社會主義同盟的拉薩爾黨與愛森納赫黨組成「德國社會主義工人黨」。馬克思批判該黨的「哥達綱領」草案。
1883年	64歲	3月14月，於倫敦家中去世。
1885年		《資本論》第二卷由恩格斯出版。
1894年		《資本論》第三卷由恩格斯出版。
1895年		恩格斯去世，享壽74歲。

後記

不被資本壓垮的
豐盈生活法！

感謝您將《改變世界的馬克斯主義：超圖解資本論》讀到最後。

《資本論》的第一卷出版已經是1867年的事了。當時的日本處於「佐幕還是倒幕」的爭論之中，是舊幕府軍與明治新政府軍正式開打的時代，而此時馬克思早已對資本主義社會所產生的矛盾提出批評。

隨著明治、大正、昭和的時代演變，日本的資本主義社會呈現飛躍式的發展，儘管馬克思在一開始就指出了問題，不過日本卻仍然背負各式各樣的勞動問題至今，例如超時工作和過勞死等等。

重點不在「解決問題」，而是「意識到問題的存

在」。如果是稍微了解過馬克思《資本論》的各位，想必不會因過於重視銷售額而工作到患病，也不會因為工作壓力而自殺。

因為各位能從俯瞰的角度思考，明白「資本主義社會就是這麼令人無可奈何，正如馬克思所指謫的一樣」。

無論如何，只要知道資本主義社會並非萬能，其中還有矛盾存在，我們就能活得更輕鬆一點，不是嗎？

在為工作感到煩惱，或是陷入走投無路的困境時，請各位務必想起本書。我想，這麼做一定會為你帶來救贖。

白井聰

◎ 主要参考文献

《マルクス 資本論》（全9冊）
（エンゲルス 編、向坂逸郎 譯、岩波文庫）

《武器としての「資本論」》
（白井聡 著、東洋経済新報社）

《1分間資本論》
（齋藤孝 監修、SBクリエイティブ）

《池上彰の講義の時間 高校生からわかる「資本論」》
（池上彰 著、集英社文庫）

《あらすじとイラストでわかる資本論》
（知的発見！探検隊、文庫ぎんが堂）

《図解 明日を生きるための資本論》
（的場昭弘 監修、青春出版社）

《図解雑学 マルクス経済学》
（松尾匡 著、ナツメ社）

《マルクスる？ 世界一簡単なマルクス経済学の本【改訂版】》
（木暮太一 著、マトマ出版）

日文版STAFF

編輯	細谷健次朗、柏もも子、中原海渡、工藤羽華（株式會社 G.B.）
執筆協力	野村郁朋、村沢 讓、龍田 昇、川村彩佳、山本洋子
本文插圖	熊アート、ふじいまさこ、河合美波
封面插圖	ぷーたく
封面設計	別府 拓（Q.design）
本文設計	別府 拓、深澤祐樹（Q.design）
DTP	矢巻 嗣（ケイズオフィス）

監修 白井聰 （Satoshi Shirai）

日本思想史家、政治學家，京都精華大學教師。1977年生於東京都。早稻田大學政治經濟學院政治系畢業。一橋大學研究所社會學研究科綜合社會科學組博士後課程修畢。社會學博士。其以311大地震為基礎論述日本現代史的著作《永續敗戰論：戰後日本的核心》（黃錦容譯，五南，2013年），曾獲第35屆石橋湛山獎、第12屆角川財團學藝獎等獎項。其餘還有《不完全的列寧》（暫譯，講談社，2007年）、《邁向「物質」起義：列寧的「力量論」（增補新版）》（暫譯，作品社，2015年）、《屬國民主義論》（暫譯，與內田樹合著，東洋經濟新報社，2016年）、《國體論：菊紋與星條旗》（暫譯，集英社新書，2018年）、《作為武器的「資本論」》（暫譯，東洋經濟新報社，2020年）等著述。

MARX NO SHIHONRON MIRUDAKE NOTE
Copyright © 2022 by Satoshi Shirai
Original Japanese edition published by Takarajimasha, Inc.
Traditional Chinese translation rights arranged with Takarajimasha, Inc.
through TOHAN CORPORATION, JAPAN.
Traditional Chinese translation rights © 2022 by TAIWAN TOHAN CO., LTD

培養能反思全球政治經濟現況的宏觀視野！

改變世界的馬克思主義 超圖解資本論

2022年11月1日初版第一刷發行

監　　修	白井聰	
譯　　者	劉宸瑀、高詹燦	
編　　輯	魏紫庭	
發 行 人	若森稔雄	
發 行 所	台灣東販股份有限公司	
	＜地址＞台北市南京東路4段130號2F-1	
	＜電話＞(02)2577-8878	
	＜傳真＞(02)2577-8896	
	＜網址＞http://www.tohan.com.tw	
郵撥帳號	1405049-4	
法律顧問	蕭雄淋律師	
總 經 銷	聯合發行股份有限公司	
	＜電話＞(02)2917-8022	

著作權所有，禁止翻印轉載。
購買本書者，如遇缺頁或裝訂錯誤，
請寄回調換（海外地區除外）。
Printed in Taiwan

國家圖書館出版品預行編目(CIP)資料

改變世界的馬克思主義 超圖解資本論：培養能反思全球政治經濟現況的宏觀視野！／白井聰著；劉宸瑀、高詹燦譯. -- 初版. -- 臺北市：臺灣東販股份有限公司, 2022.11
192面：14.8×21公分

ISBN 978-626-329-571-1（平裝）

1.CST：馬克思(Marx, Karl, 1818-1883) 2.CST：資本論 3.CST：馬克斯主義 4.CST：資本主義

550.1862　　　　　　　　　　111016108